매일 1장 영어 쓰기 습관 100일의 기적

Intermediate

S 시원스쿨닷컴

매일 1장 영어 쓰기 습관
100일의 기적 Intermediate

초판 3쇄 발행 2023년 1월 31일

지은이 시원스쿨
펴낸곳 (주)에스제이더블유인터내셔널
펴낸이 양홍걸 이시원

홈페이지 www.siwonschool.com
주소 서울시 영등포구 국회대로74길 12 시원스쿨
교재 구입 문의 02)2014-8151
고객센터 02)6409-0878

ISBN 979-11-6150-649-4
Number 1-120101-17171700-09

수년간
영어를 공부하고도
여전히 영어를 못한다고 느낀다면

지금 넘기는 이 첫 페이지가
당신의 가장 훌륭한 선택 중
하나가 될 것입니다.

매일 1장
100일
영어 쓰기 습관의
놀라운 기적

*Practice
makes
perfect.*

연습이
완벽을
만든다.

ou. Love isn't something you find. Love is something that fin

gives you strength, while loving someone deeply gives you courage. Being deep

ing someone. We accept the love we think we deserve. Love

hated for what you are' than to be loved for what you are not.

knows all about you and still loves you. A friend is someo

that condition in which the happiness of another person is essential

운전을 책만 읽고 할 수 있을까요?
악셀, 브레이크, 핸들을 어떻게 조작하는지
책만 읽고 마스터하면 갑자기 운전의 고수가 될까요? 아닙니다.
'내가 직접 운전을 해 봐야' 실력이 늡니다.

영어도 마찬가지입니다.
문법, 원어민이 자주 쓰는 단어와 표현들을
책만 읽고 머릿속에 다 넣으면 갑자기 영어를 잘하게 될까요? 아닙니다.
'그렇게 배운 영어를 직접 써 봐야' 실력이 늡니다.

유학 없이 배운 영어를 써 볼 수 있는
가장 가성비 좋은 학습법이 바로 '쓰기'입니다.
핵심 문장 100개와 나만의 문장 200개를 직접 쓰고 말하는
매일 1장 100일의 영어 쓰기 습관은
여러분을 더 이상 영어에 실패하지 않고
반드시 성공하게 만들어 줄 것입니다.

책의 구성 & 활용법

1 필기하기 편하도록 PUR 제본 방식으로 제작된 교재

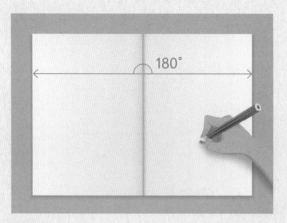

180°

본 교재는 필기를 편안하게 할 수 있도록 교재를 평평하게 펼쳐서 꾹꾹 눌러도 책이 파손되지 않고 필기를 안정적으로 할 수 있는 PUR 제본 방식으로 제작되었습니다. 또한 필기를 항상 '우측'에서 하기 때문에 대부분의 학습자에게 필기가 더욱 편안합니다.

2 학습 시작 전 나의 기초 영어 지식 체크하기

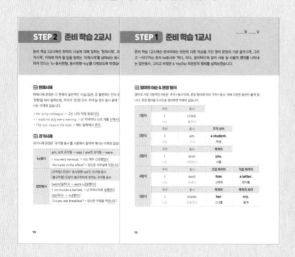

본격적인 학습을 시작하기 전 '[Preparation] 기본기 다지기' 섹션에서 Intermediate 영어 문장 쓰기에 필요한 기초 지식을 제대로 갖추고 있는지 체크합니다. 기초 지식이 제대로 탑재돼 있는지 명확히 확인하고 복습해 두어야 Intermediate 영문 쓰기 학습을 원활하게 진행할 수 있습니다.

3 매일 1개씩 100일간
100개의 핵심 문장 & 기초 영문법 학습

준비 학습을 끝낸 후 '[Chapter 01~10] 매일 1장 100일 영어 쓰기 학습'을 본격적으로 시작합니다. 매일의 쓰기 학습은 아래와 같이 '(1) 그날의 핵심 문장 파악 → (2) 문장 내 영문법+문장 구조+어휘' 학습부터 시작합니다.

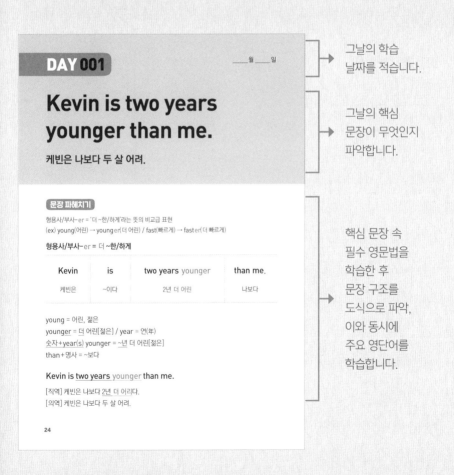

그날의 학습
날짜를 적습니다.

그날의 핵심
문장이 무엇인지
파악합니다.

핵심 문장 속
필수 영문법을
학습한 후
문장 구조를
도식으로 파악,
이와 동시에
주요 영단어를
학습합니다.

DAY 001

___월___일

Kevin is two years younger than me.

케빈은 나보다 두 살 어려.

문장 파헤치기

형용사/부사-er = '더 ~한/하게'라는 뜻의 비교급 표현
(ex) young(어린) → younger(더 어린) / fast(빠르게) → faster(더 빠르게)

형용사/부사-er = 더 ~한/하게

Kevin	is	two years younger	than me.
케빈은	~이다	2년 더 어린	나보다

young = 어린, 젊은
younger = 더 어린[젊은] / year = 연(年)
숫자+year(s) younger = ~년 더 어린[젊은]
than+명사 = ~보다

Kevin is two years younger than me.

[직역] 케빈은 나보다 2년 더 어리다.
[의역] 케빈은 나보다 두 살 어려.

24

책의 구성 & 활용법

4 매일 1장씩 100일간 300개 이상의 영어 문장 쓰기 훈련

그날의 핵심 문장 속에 녹아 있는 '필수 영문법, 문장 구조, 어휘'를 학습한 뒤엔 핵심 문장과 응용 문장을 직접 써 보고 마지막엔 모든 문장을 듣고 말하는 연습까지 해 봅니다. 영어 쓰기는 아래와 같은 흐름으로 진행하시면 됩니다.

문장 3번 따라 쓰기

→ 핵심 문장 1개를 3번씩 따라서 써 봅니다.

영작해서 2번씩 쓰기

① 레이첼은 나보다 세 살 많아.

힌트 old = 나이 든, 늙은 / three = 3

② 우리 엄마는 나이보다 더 젊어 보이셔.

힌트 look+형용사 = ~해 보이다 / age = 나이 → her age = 그녀의 나이

→ 배운 내용을 활용해 스스로 한글 문장 2개를 영작하여 각 2번씩 총 4번을 써 봅니다.

나만의 문장 써 보기

→ 나만의 문장도 1개 이상 만들어 직접 써 봅니다.

듣고 따라 말해 보기

영작 모범 답안

MP3_001

① Rachel is three years older than me.

② My mom looks younger than her age.

→ QR코드를 찍어서 문장들의 음원을 듣고 따라 말하는 연습도 해 봅니다.

25

5 일일 학습 체크 일지 & 핵심 문법 총정리

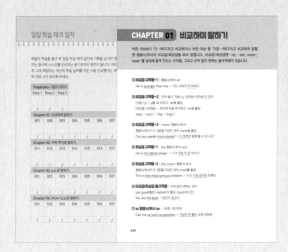

독학은 '공부 습관 관리'를 스스로 하는 것이 매우 중요합니다. 따라서 매일의 학습을 끝낸 후엔 교재 앞쪽 '일일 학습 체크 일지'에 학습 날짜를 기재한 뒤 학습을 완료했다는 체크 표시(O)를 꼭 하시기 바랍니다. 그리고 책 한 권의 학습을 끝낸 후엔 '핵심 문법 총정리' 섹션을 보며 지금까지 배운 내용을 복습합니다.

6 체계적인 3단계 수준별 매일 1장 영어 쓰기 학습 시리즈

'매일 1장 영어 쓰기 습관 100일의 기적'은 'Basic-Intermediate-Advanced'의 3단계 레벨을 따라가며 공부할 수 있는 시리즈 도서입니다. 본 교재는 'intermediate'에 해당합니다.

Basic	기초 영문법 마스터 & 초급 문장 100+200개 쓰기 (기본 문형, 필수 시제, to부정사, 의문사 등 기초 영문법 학습)
Intermediate	고난도 영문법 마스터 & 중급 문장 100+200개 쓰기 (수동태, 완료 시제, 관계사절 등 고난도 영문법 학습)
Advanced	네이티브식 영어 표현 학습 & 상급 문장 100+200개 쓰기 (네이티브처럼 길고 매끄럽게 말하는 표현 확장 학습)

목차

Preparation 기본기 다지기
Step 1~3. 준비 학습 1교시 / 2교시 / 3교시 ·· 016 ~ 021

Chapter 01 비교하며 말하기
형용사와 부사의 비교급 & 최상급으로 말하기
Day 001~010 매일 학습 & 쓰기 ·· 024 ~ 043

Chapter 02 가짜 주어로 말하기
진짜 주어를 대신하는 가짜 주어 It & There로 말하기
Day 011~020 매일 학습 & 쓰기 ·· 046 ~ 065

Chapter 03 p.p.로 말하기
'be동사+p.p.'로 수동태 문장을 만들어서 말하기
Day 021~030 매일 학습 & 쓰기 ·· 068 ~ 087

Chapter 04 have+p.p.로 말하기
한국인에겐 다소 생소한 '현재완료시제'로 말하기
Day 031~040 매일 학습 & 쓰기 ·· 090 ~ 109

Chapter 05 가정하며 말하기
'~이었어야 했다, ~이었을 거다'라고 가정해서 말하기
Day 041~050 매일 학습 & 쓰기 ·· 112 ~ 131

Chapter 06 If로 말하기
'만약 ~라면, ~이다'라는 가정문을 만들어 말하기
Day 051~060 매일 학습 & 쓰기 ··· 134 ~ 153

Chapter 07 뭉뚱그려 말하기
2개의 문장을 한 문장으로 뭉뚱그려 말하기
Day 061~070 매일 학습 & 쓰기 ··· 156 ~ 175

Chapter 08 간접적으로 묻기
다양한 의문사절을 활용하여 간접적으로 질문하기
Day 071~080 매일 학습 & 쓰기 ··· 178 ~ 197

Chapter 09 연결해서 말하기
관계대명사로 2개의 요소를 1개로 연결해서 말하기
Day 081~090 매일 학습 & 쓰기 ··· 200 ~ 219

Chapter 10 정교하게 말하기
한끗 차이로 뉘앙스가 달라지는 표현들 집중 학습
Day 091~100 매일 학습 & 쓰기 ··· 222 ~ 241

부록 핵심 문법 총정리
Chapter 01~10. 핵심 문법 한눈에 훑어보기 ································· 244 ~ 253

일일 학습 체크 일지

매일의 학습을 끝낸 후 일일 학습 체크 일지에 기록을 남기면 뭔가를 성취했다는 뿌듯함을 느끼는 동시에 스스로를 관리하는 동기부여의 원천이 됩니다. 따라서 매일 1장 쓰기 학습을 끝낸 후 그에 해당하는 섹션에 학습 날짜를 적은 다음 완료했다는 체크 표시(O)를 하며 일지를 꽉꽉 채워 나가 보도록 하세요.

Preparation. 기본기 다지기		
Step 1	Step 2	Step 3
/	/	/

Practice makes perfect.

Chapter 01. 비교하며 말하기									
001	002	003	004	005	006	007	008	009	010
/	/	/	/	/	/	/	/	/	/

Chapter 02. 가짜 주어로 말하기									
011	012	013	014	015	016	017	018	019	020
/	/	/	/	/	/	/	/	/	/

Chapter 03. p.p.로 말하기									
021	022	023	024	025	026	027	028	029	030
/	/	/	/	/	/	/	/	/	/

Chapter 04. have+p.p.로 말하기									
031	032	033	034	035	036	037	038	039	040
/	/	/	/	/	/	/	/	/	/

Chapter 05. 가정하며 말하기

041	042	043	044	045	046	047	048	049	050
/	/	/	/	/	/	/	/	/	/

Chapter 06. If로 말하기

051	052	053	054	055	056	057	058	059	060
/	/	/	/	/	/	/	/	/	/

Chapter 07. 뭉뚱그려 말하기

061	062	063	064	065	066	067	068	069	070
/	/	/	/	/	/	/	/	/	/

Chapter 08. 간접적으로 묻기

071	072	073	074	075	076	077	078	079	080
/	/	/	/	/	/	/	/	/	/

Chapter 09. 연결해서 말하기

081	082	083	084	085	086	087	088	089	090
/	/	/	/	/	/	/	/	/	/

Chapter 10. 정교하게 말하기

091	092	093	094	095	096	097	098	099	100
/	/	/	/	/	/	/	/	/	/

매일 1장

영어 쓰기습관

100일의 기적

PREPARATION

기본기 다지기

Step **1** 준비 학습 1교시

Step **2** 준비 학습 2교시

Step **3** 준비 학습 3교시

STEP 1 준비 학습 1교시

준비 학습 1교시에선 한국어와는 완전히 다른 어순을 가진 영어 문장의 기본 골격 5개, 그리고 '~이다'라는 뜻의 be동사와 '먹다, 자다, 생각하다'와 같이 사람 및 사물의 행위를 나타내는 일반동사, 그리고 부정문 & Yes/No 의문문의 형태를 살펴보겠습니다.

📒 영어의 어순 & 문장 형식

영어의 가장 기본적인 어순은 '주어+동사'이며, 문장 형식에 따라 '주어+동사' 뒤에 다양한 옵션이 붙게 됩니다. 문장 형식을 도식으로 정리하면 아래와 같습니다.

	주어	동사		
1형식	I	cried.		
	나는	울었다		

	주어	동사	주격 보어	
2형식	I	am	a student.	
	나는	~이다	학생	

	주어	동사	목적어	
3형식	I	love	you.	
	나는	사랑한다	너를	

	주어	동사	간접 목적어	직접 목적어
4형식	I	sent	him	a letter.
	나는	보냈다	그에게	편지를

	주어	동사	목적어	목적격 보어
5형식	I	made	her	cry.
	나는	만들었다	그녀를	울게

📋 be동사

be동사는 '~이다'라는 뜻의 동사로서 3가지 형태(am/are/is)로 분류됩니다.

am	주어가 I일 때 사용.
	I am a teacher. = 나는 선생님이다.
	I am tired. = 나는 피곤하다.
are	주어가 You, We, They 및 3인칭 복수(대)명사일 때 사용.
	You are so pretty. = 너는 정말 예쁘다.
	We are friends. = 우리는 친구이다.
is	주어가 He, She 및 3인칭 단수(대)명사일 때 사용.
	She is my neighbor. = 그녀는 나의 이웃이다.
	Kevin is in his room. = 케빈은 그의 방 안에 있다.

📋 일반동사

일반동사는 사람/사물의 신체적/추상적 행위를 나타내는 모든 동사를 말합니다.

- work(일하다) → I work as a barista. = 나는 바리스타로 일한다.
- have(가지다) → You have a nice voice. = 너는 좋은 목소리를 갖고 있다.
- make(만들다) → You make me laugh. = 너는 나를 웃게 만든다.

📋 부정문 & Yes/No 의문문

부정문	주어+be동사+not+_____. = 주어는 _____이 아니다.
	주어+don't/doesn't+동사원형. = 주어는 ~하지 않는다.
	He is not my friend. = 그는 나의 친구가 아니다.
	I don't know his name. = 나는 그의 이름을 알고 있지 않다.
Yes/No 의문문	be동사+주어+_____? = 주어는 _____인가요?
	Do/Does+주어+동사원형? = 주어는 ~하나요?
	Are you a student? = 당신은 학생인가요?
	Do you have a license? = 당신은 자격증을 가지고 있나요?

STEP 2 준비 학습 2교시

준비 학습 2교시에선 현재의 사실에 대해 말하는 '현재시제', 과거에 있었던 일을 말하는 '과거시제', 미래에 하게 될 일을 말하는 '미래시제'를 살펴보는 동시에 영어 문장을 더 길고 풍성하게 만드는 'to-동사원형, 동사원형-ing'를 다뤄보도록 하겠습니다.

📋 현재시제

현재시제 문장은 ① 현재의 일반적인 사실/습관, ② 불변하는 진리 등을 말할 때 사용합니다. 동사의 '원형'을 써서 말하는데, 주어가 '3인칭 단수 주어'일 경우 동사 끝에 '-s'를 붙여서 말해야 합니다. 예시는 아래와 같습니다.

• He is my colleague. = 그는 나의 직장 동료이다.
• I walk my dog every evening. = 난 저녁마다 나의 개를 산책시킨다.
• The sun rises in the east. = 해는 동쪽에서 뜬다.

📋 과거시제

과거시제 문장은 '과거형 동사'를 사용해서 말하며 예시는 아래와 같습니다.

be동사	am, is의 과거형 → was / are의 과거형 → were
	I was very nervous. = 나는 매우 긴장했었다.
	Were you in the office? = 당신은 사무실에 있었나요?
일반동사	[규칙형] 모양이 '동사원형-ed'인 과거형 동사 [불규칙형] 모양이 불규칙하게 변하는 과거형 동사
	[work(일하다) → worked(일했다)]
	I worked as a barista. = 난 바리스타로 일했었다.
	[do(하다) → did(했다)]
	Did you eat breakfast? = 당신은 아침을 먹었나요?

📋 미래시제

미래시제 문장은 동사원형 앞에 'will (not), be (not) going to'를 붙여서 만든 미래형 동사를 사용해서 말하며, 예시는 아래와 같습니다.

- I will call you back later. = 내가 나중에 너에게 다시 전화할 것이다.
- I will not say anything. = 나는 아무것도 말하지 않을 것이다.
- He is going to leave at 8 p.m. = 그는 오후 8시에 떠날 것이다.

📋 to-동사원형

동사원형 앞에 to가 붙어서 만들어진 표현이며, 용법은 아래와 같습니다.

①	'~하는 것'이라고 해석되는 경우. I want to see you again. = 나는 너를 다시 보는 것을 원한다. I need to lose weight. = 나는 체중을 줄이는 것이 필요하다.
②	명사 뒤에 붙어서 '~할'이라고 해석되는 경우. time to leave = 떠날 시간 / something to drink = 마실 것 chance to meet you = 당신을 만날 기회
③	'~하기 위해'라고 해석되는 경우. I studied very hard to pass the test. = 나는 시험에 통과하기 위해 굉장히 열심히 공부했다.

📋 동사원형-ing

동사원형 뒤에 ing가 붙어서 만들어진 표현이며, 용법은 아래와 같습니다.

①	'~하는 것'이라고 해석되는 경우. I like watching games on TV. = 난 TV로 경기 관람하는 것을 좋아한다. I don't enjoy drinking. = 난 술 마시는 것을 즐기지 않는다.
②	be동사+동사원형-ing = ~하는 중이다 I am looking for something. = 나는 뭔가를 찾고 있는 중이다. He was working last night. = 그는 어젯밤에 일하고 있는 중이었다.

STEP 3 준비 학습 3교시

준비 학습 3교시에선 동사원형 앞에 붙어서 '능력, 가능성, 의무, 권고'의 뉘앙스를 더해 주는 조동사와 함께 '누가, 언제, 어디서, 무엇을, 어떻게, 왜'라고 묻는 육하원칙 질문을 영어로 어떻게 만들 수 있는지 살펴보도록 하겠습니다.

📖 조동사

조동사는 동사원형 앞에 붙어서 '능력, 가능성, 의무, 권고'의 뉘앙스를 더해 주는, 말 그대로 동사의 뜻에 도움(조력)을 주는 동사입니다. 예시는 아래와 같습니다.

can	can+동사원형 = ~할 수 있다, ~해도 된다 can't+동사원형 = ~할 수 없다, ~하면 안 된다
	You can park your car here. = 당신은 여기에 주차해도 된다. I can't find my phone. = 난 내 전화기를 찾을 수가 없다.
might	might+동사원형 = ~일/할지도 모른다 might not+동사원형 = ~이지/하지 않을지도 모른다
	I might go to bed early. = 나는 일찍 자러 갈지도 모른다. You might not remember me. = 너는 나를 기억 못할지 모른다.
must	must+동사원형 = ~해야 한다 must not+동사원형 = ~하면 안 된다
	You must see a doctor. = 당신은 의사를 만나 봐야 한다. We must not waste money. = 우리는 돈을 낭비하면 안 된다.
should	should+동사원형 = ~하는 것이 좋다, ~해야 한다 shouldn't+동사원형 = ~하지 않는 것이 좋다, ~하면 안 된다
	We should leave now. = 우리는 지금 떠나야 한다. You shouldn't eat late at night. = 넌 밤 늦게 먹어서는 안 된다.

📋 육하원칙 질문

영어에서의 육하원칙 질문은 아래와 같은 의문사를 사용해서 말하며, 육하원칙 질문은 ① Yes/No 의문문 앞에 의문사를 붙여서 말하거나 ② '의문사+be동사+주격 보어'의 형태로 말하기도 합니다. 예시는 아래와 같습니다.

what	• 무엇이, 무엇을 • what+명사 → what kind(어떤 종류), what time(몇 시)
	What is your name? = 당신의 이름은 무엇인가? What do you want to do? = 당신은 무엇을 하고 싶은가? What time does the store open? = 가게는 몇 시에 문을 여는가?
how	• 어떻게 • how+형용사 → how often(얼마나 자주), how long(얼마나 오래) • how many+명사 → how many people(얼마나 많은 사람들)
	How is everything going? = 모든 일은 어떻게 되고 있는가? How often do you eat out? = 당신은 얼마나 자주 외식하는가? How many people came in? = 얼마나 많은 사람들이 들어왔는가?
where	어디(에서)
	Where is the station? = 역은 어디인가? Where did you find it? = 당신은 그걸 어디에서 찾았는가?
when	언제
	When is your birthday? = 당신의 생일은 언제인가? When are you available? = 당신은 언제 시간이 있는가?
who	누가, 누구를
	Who is your role model? = 누가 당신의 롤 모델인가? Who are you waiting for? = 당신은 누구를 기다리고 있는가?
why	왜
	Why do you want to work for this company? = 당신은 왜 이 회사에서 일하는 것을 원하는가?

매일 1장

영어 쓰기습관

100일의 기적

CHAPTER 01

비교하며 말하기

001 Kevin is two years younger than me.

002 The test is easier than I expected.

003 Everything is getting more expensive.

004 Monday is the busiest day of the week.

005 This is one of the most common mistakes.

006 You look better in person than in pictures.

007 My eyesight is getting worse fast.

008 I will get there as fast as I can.

009 This is not as expensive as you think.

010 Please let me know as soon as possible.

DAY 001

Kevin is two years younger than me.

케빈은 나보다 두 살 어려.

문장 파헤치기

형용사/부사-er = '더 ~한/하게'라는 뜻의 비교급 표현
(ex) young(어린) → younger(더 어린) / fast(빠르게) → faster(더 빠르게)

형용사/부사-er = 더 ~한/하게

Kevin	is	two years younger	than me.
케빈은	~이다	2년 더 어린	나보다

young = 어린, 젊은
younger = 더 어린[젊은] / year = 연(年)
숫자+year(s) younger = ~년 더 어린[젊은]
than+명사 = ~보다

Kevin is two years younger than me.

[직역] 케빈은 나보다 2년 더 어리다.
[의역] 케빈은 나보다 두 살 어려.

문장 3번 따라 쓰기

◦

◦

◦

영작해서 2번씩 쓰기

① 레이첼은 나보다 세 살 많아.

◦

◦

힌트 old = 나이 든, 늙은 / three = 3

② 우리 엄마는 나이보다 더 젊어 보이셔.

◦

◦

힌트 look+형용사 = ~해 보이다 / age = 나이 → her age = 그녀의 나이

나만의 문장 써 보기

◦

◦

◦

듣고 따라 말해 보기

① Rachel is three years older than me.

② My mom looks younger than her age.

DAY 002

The test was easier than I expected.

예상보다 시험이 쉬웠어.

문장 파헤치기

'자음+y'로 끝나는 형용사/부사 → y를 i로 바꾸고 -er 붙임
'단모음+단자음'으로 끝나는 형용사/부사 → 마지막 자음 추가한 뒤 -er 붙임
(ex) easy(쉬운) → easier(더 쉬운) / big(큰) → bigger(더 큰)

easy → easy**er (X) → eas**i**er (O)**

The test	was	easier	than I expected.
시험이	~였다	더 쉬운	내가 예상했던 것보다

test = 시험 / easy = 쉬운 → easier = 더 쉬운
than+주어+동사 = 주어가 ~하는 것보다
expect = 예상하다 → than I expected = 내가 예상했던 것보다

The test was easier than I expected.

[직역] 시험이 내가 예상했던 것보다 더 쉬웠다.
[의역] 예상보다 시험이 쉬웠어.

문장 3번 따라 쓰기

○

○

○

영작해서 2번씩 쓰기

① 여기 내 생각보다 더 크네.

○

○

힌트 place = 장소 / big = 큰 / think = 생각하다 (과거형은 thought)

② 너 내 예상보다 더 일찍 도착했네.

○

○

힌트 arrive = 도착하다 (과거형은 arrived) / early = 일찍

나만의 문장 써 보기

○

○

○

듣고 따라 말해 보기

MP3_002

영작 모범 답안

① This place is bigger than I thought.

② You arrived earlier than I expected.

Everything is getting more expensive.

다 비싸지고 있어.

2~3음절 이상의 형용사/부사의 비교급은 –er 대신 앞에 more을 붙임.
(ex) expensive(비싼) → more expensive(더 비싼)

more 형용사/부사 = 더 ~한/하게

Everything	is getting	more expensive.
모든 것이	~해지고 있다	더 비싼

everything = 모든 것
get+형용사 = ~해지다
expensive = 비싼
more expensive = 더 비싼

Everything is getting more expensive.

[직역] 모든 것이 더 비싸지고 있다.
[의역] 다 비싸지고 있어.

문장 3번 따라 쓰기

◌

◌

◌

영작해서 2번씩 쓰기

① 세상이 점점 더 경쟁적이게 되고 있어.

◌

◌

힌트 world = 세상 / competitive = 경쟁적인

② 조금만 더 천천히 말해 줄 수 있어?

◌

◌

힌트 Can you 동사원형? = ~해 줄 수 있니? / speak = 말하다 / slowly = 느리게

나만의 문장 써 보기

◌

◌

◌

듣고 따라 말해 보기

MP3_003

영작 모범 답안

① The world is getting more competitive.

② Can you speak more slowly?

DAY 004

Monday is the busiest day of the week.

월요일이 주중 가장 바쁜 날이야.

문장 파헤치기

the 형용사/부사–est = '가장 ~한/하게'라는 뜻의 최상급 표현
(ex) busy(바쁜) → the busiest(가장 바쁜)

the 형용사/부사–est = 가장 ~한/하게

Monday	is	the busiest day	of the week.
월요일은	~이다	가장 바쁜 날	일주일 중에서

Monday = 월요일
busy = 바쁜 → the busiest = 가장 바쁜
day = 날 → the busiest day = 가장 바쁜 날
week = 주, 일주일

Monday is the busiest **day of the week.**

[직역] 월요일은 일주일 중에서 가장 바쁜 날이다.
[의역] 월요일이 주중 가장 바쁜 날이야.

문장 3번 따라 쓰기

○

○

○

영작해서 2번씩 쓰기

① 어제는 올해 들어 가장 더운 날이었어.

○

○

힌트 hot = 더운, 뜨거운 / of <u>the year</u> = 올해의, 올해 들어

② 그건 내 인생에 가장 행복한 순간이었어.

○

○

힌트 happy = 행복한 / moment = 순간 / of <u>my life</u> = 나의 인생의, 나의 인생에 있어

나만의 문장 써 보기

○

○

○

듣고 따라 말해 보기

① Yesterday was the hottest day of the year.

② It was the happiest moment of my life.

DAY 005

This is one of the most common mistakes.

이건 가장 흔한 실수 중 하나야.

문장 파헤치기

2~3음절 이상의 형용사/부사의 최상급은 −est 대신 앞에 most을 붙임.
(ex) common(흔한) → the most common(가장 흔한)

the most 형용사/부사 = 가장 ~한/하게

This	is	one	of the most common mistakes.
이것은	~이다	하나	가장 흔한 실수들 중의

this = 이것
one = 하나 → one of the+복수 명사 = ~중의 하나
common = 흔한 → the most common = 가장 흔한
mistake = 실수

This is one of <u>the most common</u> mistakes.

[직역] 이건 <u>가장 흔한</u> 실수들 중의 하나이다.
[의역] 이건 가장 흔한 실수 중 하나야.

문장 3번 따라 쓰기

○

○

○

영작해서 2번씩 쓰기

① 그는 가장 유명한 한국 가수 중 한 명이야.

○

○

힌트 popular = 유명한 / singer = 가수

② 아동 학대는 가장 심각한 문제 중 하나야.

○

○

힌트 child abuse = 아동 학대 / serious = 심각한 / problem = 문제

나만의 문장 써 보기

○

○

○

듣고 따라 말해 보기

영작 모범 답안

MP3_005

① He is one of the most popular Korean singers.

② Child abuse is one of the most serious problems.

DAY 006

You look better in person than in pictures.

사진보다 실물이 나으시네요.

문장 파헤치기

형용사/부사 중엔 비교급/최상급이 불규칙하게 변하는 경우도 있음.
이런 경우는 규칙이 없기 때문에 암기해야 함.

good(좋은) – better(더 좋은) – best(가장 좋은)

You	look	better	in person	than in pictures.
너는	~해 보인다	더 좋게	직접 보니	사진에서보다

look + 형용사 = ~해 보이다
good = 좋은 → better = 더 좋은
in person = 직접 (보니)
picture = 사진

You look better in person than in pictures.

[직역] 너는 사진에서보다 직접 보니 더 좋게 보인다.
[의역] 사진보다 실물이 나으시네요.

문장 3번 따라 쓰기

○

○

○

영작해서 2번씩 쓰기

① 너희 엄마 곧 나아지실 거야.

○

○

힌트 get+형용사 = ~해지다 / soon = 곧

② 이건 올해 들어 가장 훌륭한 영화 중 하나예요.

○

○

힌트 movie = 영화 / of the year = 올해의, 올해 들어

나만의 문장 써 보기

○

○

○

듣고 따라 말해 보기

영작 모범 답안

① Your mother will get better soon.

② This is one of the best movies of the year.

My eyesight is getting worse fast.

나 시력이 빠른 속도로 나빠지고 있어.

문장 파헤치기

비교급/최상급이 불규칙하게 변하는 형용사 중 가장 대표적인
'bad(나쁜)'으로 영작 연습해 보기!

bad(나쁜) – worse(더 나쁜) – worst(가장 나쁜)

My eyesight	is getting	worse	fast.
나의 시력이	~해지고 있다	더 나쁜	빠르게

eyesight = 시력
get + 형용사 = ~해지다
bad = 나쁜 → worse = 더 나쁜
fast = 빠른; 빠르게

My eyesight is getting worse fast.

[직역] 나의 시력이 빠르게 더 나빠지고 있다.
[의역] 나 시력이 빠른 속도로 나빠지고 있어.

문장 3번 따라 쓰기

◦

◦

◦

영작해서 2번씩 쓰기

① 한국에선 대기 오염이 더 나빠지고 있다.

◦

◦

힌트 air pollution = 대기 오염 / in Korea = 한국에서

② 그건 내 인생 가장 최악의 날들 중 하나였어.

◦

◦

힌트 my life = 나의 인생 → of my life = 내 인생의, 내 인생에 있어

나만의 문장 써 보기

◦

◦

◦

듣고 따라 말해 보기

영작 모범 답안

MP3_007

① The air pollution is getting worse in Korea.

② It was one of the worst days of my life.

DAY 008

I will get there as fast as I can.

내가 할 수 있는 한 거기로 빨리 갈게.

문장 파헤치기

as 형용사/부사 as ~ = '~만큼 ~한/하게'라는 뜻의 강조 표현
(ex) as fast as ~ = ~만큼 빠르게

as 형용사/부사 as _____ = _____만큼 ~한/하게

I	will get	there	as fast as I can.
나는	도착할 것이다	그곳에	내가 할 수 있는 만큼 빠르게

get to + 장소 = ~에 도착하다
there = 그곳(에), 거기(에)
('그곳에 도착하다'라고 할 땐 to를 빼고 get there라고 함)
fast = 빠른; 빠르게

I <u>will get there</u> as fast as I can.

[직역] 나는 내가 할 수 있는 만큼 빠르게 <u>거기에 도착할 것이다</u>.
[의역] 내가 할 수 있는 한 거기로 빨리 갈게.

문장 3번 따라 쓰기

◦

◦

◦

영작해서 2번씩 쓰기

① 원하는 만큼 (많이) 드셔도 됩니다.

◦

◦

힌트 have = 가지다; 먹다 / as much as ~ = ~만큼 많이 / want = 원하다

② 정신 건강은 신체적 건강만큼 중요하다.

◦

◦

힌트 mental[physical] health = 정신[육체적] 건강 / important = 중요한

나만의 문장 써 보기

◦

◦

◦

듣고 따라 말해 보기

MP3_008

영작 모범 답안

① You can have as much as you want.

② Mental health is as important as physical health.

DAY 009

This is not as expensive as you think.

이건 네 생각처럼 비싸진 않아.

문장 파헤치기

'as ~ as'를 활용해서 말하는 연습 더 해 보기!
→ as 형용사/부사 as you think

as 형용사/부사 as you think = 네가 생각하는 것만큼 ~한/하게

This	is not	as expensive as you think.
이건	~이지 않다	네가 생각하는 것만큼 비싼

expensive = 비싼
as expensive as ~ = ~만큼 비싼
as expensive as you think = 네가 생각하는 것만큼 비싼

This is not as expensive as you think.

[직역] 이건 네가 생각하는 것만큼 비싸지 않다.
[의역] 이건 네 생각처럼 비싸진 않아.

문장 3번 따라 쓰기

○

○

○

영작해서 2번씩 쓰기

① 답은 네 생각만큼 어렵진 않아.

○

○

힌트 answer = (정)답 / difficult = 어려운

② 돈이 네 건강만큼 중요하진 않아.

○

○

힌트 money = 돈 / important = 중요한 / your health = 너의 건강

나만의 문장 써 보기

○

○

○

듣고 따라 말해 보기

영작 모범 답안

MP3_009

① The answer is not as difficult as you think.

② Money is not as important as your health.

Please let me know as soon as possible.

최대한 빨리 제게 알려 주세요.

문장 파헤치기

'as ~ as'를 활용해서 말하는 연습 더 해 보기!

→ as soon as possible

as soon as possible = 최대한 빨리

Please	let	me	know	as soon as possible.
부디	~하게 하라	내가	알다	최대한 빨리

let+사람[목적격]+동사원형 = ~가 ~하게 하다[만들다]

know = 알다

possible = 가능한 / soon = 곧; 빨리

as soon as possible = 가능한 한 빨리, 최대한 빨리

Please let me know as soon as possible.

[직역] 부디 **최대한 빨리** 내가 알게 해 달라.

[의역] 최대한 빨리 제게 알려 주세요.

문장 3번 따라 쓰기

○

○

○

영작해서 2번씩 쓰기

① 그거 최대한 빨리 끝내셔야 합니다.

○

○

힌트 finish = 끝내다

② 최대한 빨리 당신에게 돌아갈게요.

○

○

힌트 get back to+대상 = ~에게 돌아가다

나만의 문장 써 보기

○

○

○

듣고 따라 말해 보기

영작 모범 답안

MP3_010

① You should finish it as soon as possible.

② I will get back to you as soon as possible.

매일 1장

영어 쓰기 습관

100일의 기적

CHAPTER 02

가짜 주어로 말하기

011 It is illegal to park your car here.

012 It's a pleasure to work with you again.

013 It's a pity that you can't join us now.

014 It takes about an hour to get there.

015 How long does it take to get a passport?

016 There is a good restaurant near my office.

017 There are many ways to relieve stress.

018 There was a lot of traffic this morning.

019 There is not a single cloud in the sky.

020 Is there any problem with your laptop?

DAY 011

It is illegal to park your car here.

여기에 주차하시면 불법입니다.

문장 파헤치기

영어에선 주어가 길면 'It'이라는 가짜 주어를 앞에 두고
진짜 주어는 'to-동사원형'이라는 형태로 만들어서 뒤로 보냄.

It is 형용사 to-동사원형. = ~하는 것은 **~하다.**

It	is illegal	to park your car here.
(가짜 주어)	불법이다	당신의 차를 여기에 주차하는 것은

illegal = 불법적인
park = 주차하다
car = 차 → park your car = 당신의 차를 주차하다
here = 여기(에), 이곳(에)

It is illegal to park your car here.

[직역] 당신의 차를 여기에 주차하는 것은 불법이다.
[의역] 여기에 주차하시면 불법입니다.

문장 3번 따라 쓰기

◦

◦

◦

영작해서 2번씩 쓰기

① 네 연락 다시 받게 돼서 좋다.

◦

◦

힌트 hear from+사람[목적격] = ~로부터 연락을 받다 / again = 다시

② 건강한 식단을 유지하는 것이 중요합니다.

◦

◦

힌트 important = 중요한 / keep = 유지하다 / healthy diet = 건강한 식단

나만의 문장 써 보기

◦

◦

◦

듣고 따라 말해 보기

영작 모범 답안

MP3_011

① It is good to hear from you again.

② It is important to keep a healthy diet.

DAY 012

It's a pleasure to work with you again.

당신과 다시 일하게 돼서 기뻐요.

문장 파헤치기

'It is 형용사 to-동사원형'이라는 문형에서 형용사 자리엔 '명사'도 올 수 있음.
그리고 'It is'는 'It's'라고 줄여서 쓰고 말할 수 있음.

It is 명사 to-동사원형. = ~하는 것은 **~이다.**

It	is a pleasure	to work with you again.
(가짜 주어)	기쁨이다	당신과 다시 일을 하는 것은

pleasure = 기쁨, 즐거움
work with+사람[목적격] = ~와 일하다
again = 다시

It's a pleasure to work with you again.

[직역] 당신과 다시 일을 하는 것은 기쁨이다.
[의역] 당신과 다시 일하게 돼서 기뻐요.

문장 3번 따라 쓰기

○

○

○

영작해서 2번씩 쓰기

① 만나 뵙게 돼서 너무 기뻤습니다.

○

○

힌트 great pleasure = 대단한 기쁨 / meet = 만나다

② 오늘 이 자리에 있게 되어 매우 영광입니다.

○

○

힌트 great honor = 대단한 영광 / be here = 이곳에 있다

나만의 문장 써 보기

○

○

○

듣고 따라 말해 보기

영작 모범 답안

① It was a great pleasure to meet you.

② It's a great honor to be here today.

49

DAY 013

It's a pity that you can't join us now.

저희와 함께하지 못하신다니 아쉽습니다.

문장 파헤치기

'It is 형용사/명사 to-동사원형'이라는 문형에서
진짜 주어 자리엔 'that+문장' 형태도 올 수 있음.

It is 형용사/명사 that+문장. = ~인 것이 **~하다/이다.**

It	is a pity	that you can't join us now.
(가짜 주어)	유감이다	당신이 지금 우리와 함께하지 못하는 것이

pity = 연민, 동정심; 유감
join+사람[목적격] = ~와 함께하다, ~에 합류하다
us = [목적격] 우리
now = 지금, 현재

It's a pity that you can't join us now.

[직역] 당신이 지금 우리와 함께하지 못하는 것이 유감이다.
[의역] 저희와 함께하지 못하신다니 아쉽습니다.

문장 3번 따라 쓰기

○

○

○

영작해서 2번씩 쓰기

① 지금 가셔야 한다니 안타깝네요.

○

○

힌트 shame = 수치심; 애석한 일 / have to-동사원형 = ~해야 한다

② 걔(남자)가 거짓말하고 있는 게 분명해.

○

○

힌트 obvious = 분명한, 확실한 / lie = 거짓말하다

나만의 문장 써 보기

○

○

○

듣고 따라 말해 보기

MP3_013

영작 모범 답안

① It's a shame that you have to go now.

② It's obvious that he is lying.

It takes about an hour to get there.

거기 가는 데 한 1시간 정도 걸려.

문장 파헤치기

어떤 일을 하는 데 '얼마만큼의 시간이 걸린다'고 말할 때에도
아래와 같이 가짜 주어 it을 써서 말할 수 있음.

It takes 시간 to-동사원형. = ~하는 것은 **~만큼의 시간이 걸린다.**

It	takes about an hour	to get there.
(가짜 주어)	약 1시간이 걸린다	그곳에 도착하는 것은

about+시간 = 약 ~시간
an hour = 1시간 → about an hour = 약 1시간
get to+장소 = ~에 도착하다 / there = 그곳(에)
get there = 그곳에 도착하다 (there에 도착한다고 할 땐 to 생략)

It takes about an hour to get there.

[직역] 그곳에 도착하는 것은 **약** 1시간이 걸린다.
[의역] 거기 가는 데 한 1시간 정도 걸려.

문장 3번 따라 쓰기

○

○

○

영작해서 2번씩 쓰기

① 운전 면허증을 받는 데엔 약 일주일이 소요됩니다.

○

○

힌트 week = 일주일 / get = 얻다 / driver's license = 운전 면허증

② 개를 훈련시키는 건 꽤 긴 시간이 걸려.

○

○

힌트 quite a long time = 꽤 긴 시간 / train = 훈련시키다 / dog = 개

나만의 문장 써 보기

○

○

○

듣고 따라 말해 보기

영작 모범 답안

MP3_014

① It takes about a week to get a driver's license.

② It takes quite a long time to train a dog.

_____월 _____일

How long does it take to get a passport?

여권 발급받는 데 얼마나 걸리나요?

문장 파헤치기

'It takes 시간 to-동사원형'을 의문문으로 바꿔서
아래와 같이 '시간이 얼마나 걸리는지' 묻는 질문을 할 수 있음.

How long does it take to-동사원형?
= ~하는 것이 **얼마나 오래 걸리나요?**

How long	does	it	take	to get a passport?
얼마나 오래	하니?	(가짜 주어)	걸리다	여권을 받는 것이

how long = 얼마나 길게[오래]
get = 구하다, 얻다 / passport = 여권
get a passport = 여권을 얻다[받다], 여권을 발급받다

How long does it take to get a passport?

[직역] 여권을 받는 것이 얼마나 오래 걸리니?
[의역] 여권 발급받는 데 얼마나 걸리나요?

문장 3번 따라 쓰기

◦

◦

◦

영작해서 2번씩 쓰기

① 차 타고 거기 가는 데 얼마나 걸리나요?

◦

◦

힌트 get there = 그곳에 도착하다[가다] / by car = 차로, 차를 타고

② 운전을 배우는 데 시간이 얼마나 걸리나요?

◦

◦

힌트 learn = 배우다 / driving = 운전

나만의 문장 써 보기

◦

◦

◦

듣고 따라 말해 보기

MP3_015

영작 모범 답안

① How long does it take to get there by car?

② How long does it take to learn driving?

DAY 016

There is a good restaurant near my office.

사무실 근처에 좋은 식당 하나가 있어.

문장 파헤치기

어떠한 것이 '있다'라고 말할 때 가짜 주어 there을 써서
아래와 같은 문형으로 말할 수 있음.

There is 단수 명사. = ~이 있다.

There is	a good restaurant	near my office.
~이 있다	좋은 식당	나의 사무실 근처에

restaurant = 식당
near+장소 = ~근처에
my office = 나의 사무실
near my office = 나의 사무실 근처에

There is a good restaurant near my office.

[직역] 나의 사무실 근처에 좋은 식당이 있다.
[의역] 사무실 근처에 좋은 식당 하나가 있어.

문장 3번 따라 쓰기

○

○

○

영작해서 2번씩 쓰기

① 은행 앞에 버스 정류장이 있어요.

○

○

힌트 bus stop = 버스 정류장 / in front of+명사 = ~앞에 / bank = 은행

② 우리 사이엔 크게 다른 점이 있어.

○

○

힌트 difference = 차이점, 다른 점 / between us = 우리 사이에

나만의 문장 써 보기

○

○

○

듣고 따라 말해 보기

영작 모범 답안

① There is a bus stop in front of the bank.

② There is a big difference between us.

DAY 017

There are many ways to relieve stress.

스트레스를 푸는 덴 여러 방법이 있어요.

문장 파헤치기

2개 이상의 것이 '있다'라고 말할 땐
복수 명사에 맞는 be동사 are을 써서 말하면 됨.

There are 복수 명사. = ~이 있다.

There are	many ways	to relieve stress.
~이 있다	많은 방법들	스트레스를 풀 수 있는

way = 길; 방법
way to-동사원형 = ~할 (수 있는) 방법
relieve = 없애다, 완화하다
relieve stress = 스트레스를 없애다[풀다]

There are <u>many ways</u> to relieve stress.

[직역] 스트레스를 풀 수 있는 <u>많은 방법들</u>이 있다.
[의역] 스트레스를 푸는 덴 여러 방법이 있어요.

문장 3번 따라 쓰기

○

○

○

영작해서 2번씩 쓰기

① 방문할 만한 아주 좋은 곳들이 많이 있어요.

○

○

힌트 great place to-동사원형 = ~할 아주 좋은 장소 / visit = 방문하다

② 김치엔 건강상 이점이 아주 많이 있어요.

○

○

힌트 health benefit of+명사 = ~의 건강상 이점[이득]

나만의 문장 써 보기

○

○

○

듣고 따라 말해 보기

영작 모범 답안

① There are many great places to visit.

② There are many health benefits of Kimchi.

DAY 018

There was a lot of traffic this morning.

오늘 아침에 차가 꽉 막혔었어.

문장 파헤치기

'There is/are ~'을 아래와 같이 다양한 시제로 말할 수 있음.

[현재] There is/are **명사.** = ~이 있다.
[과거] There was/were **명사.** = ~이 있었다.
[미래] There will be **명사.** = ~이 있을 것이다.

There was	a lot of traffic	this morning.
~이 있었다	많은 교통량	오늘 아침에

traffic = 차량들, 교통(량)
a lot of traffic = 많은 교통(량)
this morning = 오늘 아침(에)

There was a lot of traffic this morning.

[직역] 오늘 아침에 많은 교통량이 있었다.
[의역] 오늘 아침에 차가 꽉 막혔었어.

문장 3번 따라 쓰기

○

○

○

영작해서 2번씩 쓰기

① 길에 수백 명의 사람들이 있었어.

○

○

힌트 hundreds of+명사 = 수백 개(명)의 ~ / on the street = 길 위에

② 내일 호우가 있을 예정입니다.

○

○

힌트 heavy rain = 강한 비, 폭우, 호우 / tomorrow = 내일

나만의 문장 써 보기

○

○

○

듣고 따라 말해 보기

MP3_018

① There were hundreds of people on the street.

② There will be heavy rain tomorrow.

There is not a single cloud in the sky.

하늘에 구름 한 점 없네.

문장 파헤치기

'There is/are ~'에 not을 넣어 말하면 '~이 없다'는 표현이 됨.

[현재] There is/are not **명사**. = ~이 없다.

[과거] There was/were not **명사**. = ~이 없었다.

[미래] There won't be **명사**. = ~이 없을 것이다.

There is not	a single cloud	in the sky.
~이 없다	단 하나의 구름	하늘에

single = 단 하나의, 유일한

cloud = 구름

sky = 하늘 → in the sky = 하늘에

There is not a single cloud in the sky.

[직역] 하늘에 단 하나의 구름이 없다.

[의역] 하늘에 구름 한 점 없네.

문장 3번 따라 쓰기

○

○

○

영작해서 2번씩 쓰기

① 방 안에 의자가 충분치 않았었어.

○

○

힌트 enough = 충분한 / chair = 의자 / in the room = 방 안에

② 그 어떤 문제도 없을 거라 확신합니다.

○

○

힌트 I'm sure+문장 = 난 ~임을 확신한다 / any problem = 그 어떤 문제

나만의 문장 써 보기

○

○

○

듣고 따라 말해 보기

MP3_019

① There were not enough chairs in the room.

② I'm sure there won't be any problem.

Is there any problem with your laptop?

너 노트북에 무슨 문제 생겼어?

문장 파헤치기

'~이 있는가?'라고 묻는 의문문을 말할 땐 아래와 같이 말함.

[현재] Is/Are there **명사?** = ~이 있는가?
[과거] Was/Were there **명사?** = ~이 있었는가?
[미래] Will there be **명사?** = ~이 있을까?

Is there	any problem	with your laptop?
~이 있니?	그 어떤 문제	너의 노트북에

problem with+명사 = ~와 관련된 문제
any problem with+명사 = ~와 관련된 그 어떤 문제
laptop = 노트북

Is there **any problem** with your laptop?

[직역] 너의 노트북에 그 어떤 문제가 있니?
[의역] 너 노트북에 무슨 문제 생겼어?

문장 3번 따라 쓰기

○

○

○

영작해서 2번씩 쓰기

① 거기에 무슨 특별한 이유라도 있었던 거야?

○

○

힌트 particular = 특정한; 특별한 / reason for+명사 = ~에 대한 이유

② 그분(남자)에게 말할 수 있는 기회가 있을까요?

○

○

힌트 chance to-동사원형 = ~할 기회 / talk to+사람[목적격] = ~에게 말하다

나만의 문장 써 보기

○

○

○

듣고 따라 말해 보기

영작 모범 답안

① Was there any particular reason for that?

② Will there be a chance to talk to him?

매일 1장

영어 쓰기 습관

100일의 기적

CHAPTER **03**

p.p.로 말하기

021 This coat is made of poor wool.

022 The fire was caused by carless smoking.

023 I wasn't invited to the wedding.

024 He is being treated for a broken leg.

025 Dinner will be served in a few minutes.

026 Smoking in public places must be banned.

027 You were supposed to call me last night.

028 You are not allowed to smoke here.

029 We got married November 25th, 2022.

030 I have my hair cut once a month.

DAY 021

This coat is made of pure wool.

이 코트 순모로 만든 거야.

문장 파헤치기

각 영어 동사는 '현재형-과거형-과거분사형'의 3가지 형태를 가지고 있음.

그 중에서도 '과거분사형'은 'p.p.'라는 명칭으로 표기.

(ex) [현재형] make(만들다) → [과거형] made / [과거분사형(p.p.)] made

[능동태] 주어+동사. = 주어는 _____한다.

[수동태] 주어+is/are+p.p. = 주어는 _____(되)어져 있다.

This coat	is made	of pure wool.
이 코트는	만들어져 있다	순모로

coat = 코트

wool = 양털, 양모 → pure wool = 100% 양털, 순모

This coat is made **of pure wool.**

[직역] 이 코트는 순모로 만들어져 있다.

[의역] 이 코트 순모로 만든 거야.

문장 3번 따라 쓰기

◦

◦

◦

영작해서 2번씩 쓰기

① 이 신발 진짜 가죽으로 만들어진 거예요.

◦

◦

힌트 shoes = (한 켤레의) 신발 / genuine leather = 진짜 가죽

② 이 주스 플로리다산 오렌지로 제조된 거야.

◦

◦

힌트 be made from+명사 = ~으로 제조돼 있다 / Florida orange = 플로리다산 오렌지

나만의 문장 써 보기

◦

◦

◦

듣고 따라 말해 보기

영작 모범 답안

① These shoes are made of genuine leather.

② This juice is made from Florida oranges.

The fire was caused by careless smoking.

이 화재는 부주의한 흡연으로 인해 발생했습니다.

문장 파헤치기

수동태 문장은 과거형(was/were p.p.)으로 잘 쓰임.
(ex) was caused = 야기되었다 / was cancelled = 취소되었다

주어+was/were+p.p.+by+명사.
= 주어는 ~으로 인해 ~(되)어졌다.

The fire	was caused	by careless smoking.
이 화재는	야기되었다	부주의한 흡연으로 인해

fire = 불; 화재
cause = 야기하다 → [과거형] caused / [p.p.] caused
careless = 부주의한 / smoking = 흡연

The fire was caused by careless smoking.

[직역] 이 화재는 부주의한 흡연으로 인해 야기되었다.
[의역] 이 화재는 부주의한 흡연으로 인해 발생했습니다.

문장 3번 따라 쓰기

영작해서 2번씩 쓰기

① 이 사고는 부주의한 운전으로 인해 발생했습니다.

힌트 accident = 사고 / driving = 운전

② 악천후로 인해 비행편이 취소되었습니다.

힌트 flight = 비행기 / due to+명사 = ~으로 인해 / bad weather = 나쁜 날씨, 악천후

나만의 문장 써 보기

듣고 따라 말해 보기

영작 모범 답안

① The accident was caused by careless driving.

② The flight was cancelled due to bad weather.

DAY 023

I wasn't invited to the wedding.

난 결혼식에 초대 못 받았어.

수동태 문장의 부정문은 be동사와 p.p. 사이에 not을 집어넣어서 만듦.
(ex) was invited = 초대됐다 → was not invited = 초대되지 않았다

주어+wasn't/weren't+**p.p. = 주어는 ~(되)지 않았다.**

I	wasn't invited	to the wedding.
나는	초대되지 않았다	결혼식에

invite = 초대하다 → [p.p.] invited
be invited = 초대되다
be invited to+행사 = ~에 초대되다
wedding = 결혼(식)

I wasn't invited **to the wedding.**

[직역] 나는 결혼식에 초대되지 않았다.
[의역] 난 결혼식에 초대 못 받았어.

문장 3번 따라 쓰기

○

○

○

영작해서 2번씩 쓰기

① 걔들은 걔(남자) 생일 파티에 초대 못 받았어.

○

○

힌트 his birthday party = 그의 생일 파티

② 이 금메달들은 순금으로 만든 것이 아닙니다.

○

○

힌트 gold medal = 금메달 / pure gold = 순금

나만의 문장 써 보기

○

○

○

듣고 따라 말해 보기

영작 모범 답안

① They weren't invited to his birthday party.

② The gold medals are not made of pure gold.

DAY 024

He is being treated for a broken leg.

걔 다리 부러져서 치료받고 있어.

문장 파헤치기

수동태 문장을 현재진행시제로 말할 땐 'is/are being+p.p.'의 형태로 말함.
(ex) treat = 치료하다 → is/are being treated = 치료되고 있다
　　delay = 지연시키다 → is/are being delayed = 지연되고 있다

주어+is/are being+p.p. = 주어는 ~(되어)지고 있다.

He	is being treated	for a broken leg.
그는	치료되고 있다	부러진 다리 때문에

treat = 대하다; 치료하다 → [p.p.] treated
be treated = 치료되다 → is being treated = 치료되고 있다
broken leg = 부러진 다리

He is being treated <u>for a broken leg.</u>

[직역] 그는 <u>부러진 다리 때문에</u> 치료되고 있다.
[의역] 걔 다리 부러져서 치료받고 있어.

문장 3번 따라 쓰기

○

○

○

영작해서 2번씩 쓰기

① 우리 고모께선 폐암으로 치료 중이셔.

○

○

힌트 aunt = 고모, 이모 / lung cancer = 폐암

② 악천후로 인해 비행편이 지연되고 있습니다.

○

○

힌트 due to+명사 = ~으로 인해 / bad weather = 나쁜 날씨, 악천후

나만의 문장 써 보기

○

○

○

듣고 따라 말해 보기

MP3_024

① My aunt is being treated for lung cancer.

② The flight is being delayed due to bad weather.

Dinner will be served in a few minutes.

몇 분 뒤면 저녁이 나옵니다.

문장 파헤치기

수동태 문장을 미래시제로 말할 땐 'will be+p.p.'의 형태로 말함.
(ex) serve = 제공하다 → will be served = 제공될 것이다
　　complete = 완료하다 → will be completed = 완료될 것이다

주어+will be+p.p. = 주어는 ~(되어)질 것이다.

Dinner	will be served	in a few minutes.
저녁이	제공될 것이다	몇 분 뒤에

serve = 제공하다, 차려 주다 → [p.p.] served
be served = 제공되다 → will be served = 제공될 것이다
in a few minutes = 몇 분 뒤에

Dinner will be served **in a few minutes.**

[직역] 몇 분 뒤에 저녁이 제공될 것이다.
[의역] 몇 분 뒤면 저녁이 나옵니다.

문장 3번 따라 쓰기

○

○

○

영작해서 2번씩 쓰기

① 휴식 시간 동안 다과가 제공될 예정입니다.

○

○

힌트   refreshments = 다과 / during+명사 = ~동안 / break = 휴식

② 그건 이달 말까지 완료될 예정입니다.

○

○

힌트   by+시점 = ~까지 / the end of <u>this month</u> = <u>이번 달</u> 말

나만의 문장 써 보기

○

○

○

듣고 따라 말해 보기

MP3_025

① Refreshments will be served during the break.

② It will be completed by the end of this month.

Smoking in public places must be banned.

공공장소에서 담배 피는 건 금지돼야 합니다.

문장 파헤치기

must(~해야 한다)와 같은 조동사를 수동태와 함께 쓸 수 있음.
(ex) ban = 금지하다 → be banned = 금지되다
　　　　　　　　must be banned = 금지되어야 한다

주어+must be+p.p. = 주어는 ~(되어)져야 한다.
주어+must not be+p.p. = 주어는 ~(되어)져선 안 된다.

Smoking in public places	must be banned.
공공장소에서의 흡연은	금지되어야 한다

smoking = 흡연
public places = 공공장소들

Smoking <u>in public places</u> must be banned.

[직역] <u>공공장소에서의</u> 흡연은 금지되어야 한다.
[의역] 공공장소에서 담배 피는 건 금지돼야 합니다.

문장 3번 따라 쓰기

○

○

○

영작해서 2번씩 쓰기

① 모든 사람은 동등한 대우를 받아야 합니다.

○

○

힌트 everyone = 모든 사람 / treat = 대하다 → [p.p.] treated / equally = 동등하게

② 이 사안들은 무시돼선 안 됩니다.

○

○

힌트 issue = 사안 / ignore = 무시하다 → [p.p.] ignored

나만의 문장 써 보기

○

○

○

듣고 따라 말해 보기

MP3_026

영작 모범 답안

① Everyone must be treated equally.

② These issues must not be ignored.

You were supposed to call me last night.

너 어젯밤에 나한테 전화하기로 했었잖아.

문장 파헤치기

suppose = 추정[추측]하다, 가정하다 → [p.p.] supposed
be supposed to-동사원형 = ~하기로 (예정)되어 있다

주어+be supposed to-동사원형.
= **주어가** ~하기로 (예정)되어 있다.

You	were supposed to call me	last night.
너는	나에게 전화를 하기로 예정되어 있었다	어젯밤에

call+사람[목적격] = ~에게 전화하다
last night = 어젯밤, 지난밤

You were supposed to call me **last night.**

[직역] 너는 어젯밤에 나에게 전화를 하기로 예정되어 있었다.
[의역] 너 어젯밤에 나한테 전화하기로 했었잖아.

문장 3번 따라 쓰기

○

○

○

영작해서 2번씩 쓰기

① 너 1시간 전에 여기 와 있기로 했었잖아.

○

○

힌트 be here = 여기에 있다, 이곳에 오다 / an hour <u>ago</u> = 1시간 전에

② 전 오후 4시에 스미스 씨를 만나기로 돼 있었습니다.

○

○

힌트 meet+사람 = ~을 만나다 / at 시각 p.m. = 오후 ~시에

나만의 문장 써 보기

○

○

○

듣고 따라 말해 보기

MP3_027

① You were supposed to be here an hour ago.

② I was supposed to meet Mr. Smith at 4 p.m.

You are not allowed to smoke here.

여기서 담배 피시면 안 됩니다.

문장 파헤치기

allow = 허용[허락]하다 → [p.p.] allowed
be allowed to-동사원형 = ~하는 것이 허용되다

주어+be allowed to-동사원형. = 주어가 ~하는 것이 허용되다.
주어+be not allowed to-동사원형. = 주어가 ~하는 것이 허용되지 않다.

You	are not allowed to smoke	here.
너는	담배를 피는 것이 허용되지 않는다	이곳에서

smoke = 담배를 피우다
here = 이곳(에서)

You are not allowed to smoke <u>here</u>.

[직역] 너는 <u>이곳에서</u> 담배를 피는 것이 허용되지 않는다.
[의역] 여기서 담배 피시면 안 됩니다.

문장 3번 따라 쓰기

○

○

○

영작해서 2번씩 쓰기

① 내가 어렸을 때 난 애완동물을 가질 수 없었어.

○

○

힌트 pet = 애완동물 → have pats = 애완동물을 갖다 / kid = 아이

② 이것(이런 일)이 다시 발생하는 게 허용돼선 안 됩니다.

○

○

힌트 happen = 일어나다, 발생하다 / again = 다시

나만의 문장 써 보기

○

○

○

듣고 따라 말해 보기

MP3_028

영작 모범 답안

① I wasn't allowed to have pets when I was a kid.

② This must not be allowed to happen again.

We got married on November 25th, 2022.

우린 2022년 11월 25일에 결혼했어.

문장 파헤치기

marry = 결혼하다 → [p.p.] married
<u>be</u> married = <u>get</u> married = 결혼하게 되다
위와 같이 'be동사' 대신 'get'을 써서 수동태로 말하는 경우도 많음.

get married = 결혼하게 되다

We	got married	**on November 25th, 2022.**
우리는	결혼하게 됐었습니다	2022년 11월 25일에

on+월, 요일, 연도 = ~년 ~월 ~일에
November = 11월
25th = 25일 → 'twenty <u>five</u>'가 아니라 'twenty <u>fifth</u>'라고 읽어야 함

We get married <u>on November 25th, 2022.</u>

[직역] 우리는 <u>2022년 11월 25일에</u> 결혼하게 됐었습니다.
[의역] 우린 2022년 11월 25일에 결혼했어.

문장 3번 따라 쓰기

⊙ _____

⊙ _____

⊙ _____

영작해서 2번씩 쓰기

① 우리 부모님은 내가 15살 때 이혼하셨어.

⊙ _____

⊙ _____

힌트 get divorced = 이혼하게 되다 / my parents = 나의 부모님

② 나 호텔로 가는 길에 길을 잃었어.

⊙ _____

⊙ _____

힌트 get lost = 길을 잃게 되다 / on my way to+장소 = 내가 ~에 가는 길에

나만의 문장 써 보기

⊙ _____

⊙ _____

⊙ _____

듣고 따라 말해 보기

영작 모범 답안

MP3_029

① My parents got divorced when I was 15.

② I got lost on my way to the hotel.

DAY 030

I have my hair cut once a month.

난 한 달에 한 번씩 머리를 잘라.

문장 파헤치기

'have/get+A(대상)+p.p.'라는 표현은 내가 아닌 '타인'을 통해서
A라는 대상이 어떠한 일을 당하게끔 만든다는 의미로 쓰임.

have/get+A(대상)+p.p.
= (타인을 시켜서) A라는 대상이 ~하게 되도록 만들다

I	have my hair cut	once a month.
나는	(남을 시켜서) 내 머리가 잘라지게 되도록 한다	한 달에 한 번

cut = 자르다 → [p.p.] cut / my hair = 나의 머리칼
have my hair cut = 남을 시켜서 내 머리가 잘라지게 되도록 하다
once = 한 번 → once a month = 한 달에 한 번

I have my hair cut once a month.

[직역] 나는 한 달에 한 번 (남을 시켜서) 내 머리가 잘라지게 되도록 한다.
[의역] 난 한 달에 한 번씩 머리를 잘라.

문장 3번 따라 쓰기

- ○
- ○
- ○

영작해서 2번씩 쓰기

① 너 어디서 머리 잘랐어?

- ○
- ○

힌트 Where+did+주어+동사원형? = 주어는 어디서 ~했나요? / your hair = 너의 머리칼

② 제가 어디에서 차를 수리할 수 있을까요?

- ○
- ○

힌트 my car = 나의 차 / fix = 수리하다 → [p.p.] fixed

나만의 문장 써 보기

- ○
- ○
- ○

듣고 따라 말해 보기

영작 모범 답안

① Where did you get your hair cut?

② Where can I have my car fixed?

매일 1장

<u>영어</u> 쓰기 습관

<u>100일의 기적</u>

CHAPTER 04

have+p.p.로 말하기

031 I have lost my cell phone.

032 I have already seen that movie.

033 I have been to America several times.

034 I have known him since he was a kid.

035 I've been looking for you all day.

036 I haven't made up my mind yet.

037 I've never heard of it before.

038 Have you finished your packing?

039 Have you found a place to live yet?

040 Have you ever seen anything like this?

I have lost my cell phone.

나 휴대폰 잃어버렸어.

문장 파헤치기

과거의 했던[벌어졌던] 일이 '현재의 결과'로 연결되어 나타나고 있는 경우
'현재완료시제(have+p.p.)'를 사용.
[현재완료시제를 쓰는 상황의 예시]
(과거에 잃어버려 지금도 못 찾았고 결과적으로 현재) 나 휴대폰 잃어버렸어.

have/has+p.p.
= (과거에 ~했고 결과적으로 현재) ~한 상태이다

I	have lost	my cell phone.
나는	잃어버린 상태이다	나의 휴대폰을

lose = 잃어버리다 → [p.p.] lost / my cell phone = 나의 휴대폰

I have lost my cell phone.

[직역] 나는 나의 휴대폰을 잃어버린 상태이다.
[의역] 나 휴대폰 잃어버렸어.

문장 3번 따라 쓰기

○

○

○

영작해서 2번씩 쓰기

① (과거에 까먹어서 기억 안 나고 결과적으로 현재) 나 걔(남자) 이름 까먹었어.

○

○

힌트 forget = 잊다 → [p.p.] forgotten / his name = 그의 이름

② (과거에 가서 지금 없고 결과적으로 현재) 그분(남자)께선 업무로 일본에 가셨어요.

○

○

힌트 go to+장소 = ~에 가다 → [p.p.] gone / on business = 업무로

나만의 문장 써 보기

○

○

○

듣고 따라 말해 보기

MP3_031

영작 모범 답안

① I have forgotten his name.

② He has gone to Japan on business.

DAY 032

I have already seen that movie.

나 그 영화 이미 봤어.

문장 파헤치기

현재완료시제는 '현재의 상태'에 초점이 맞춰져 있는 시제이기 때문에
'already(이미), just(이제 막)'과 같은 부사와 곧잘 쓰임.

have/has already **p.p.** = 이미 ~한 상태이다
have/has just **p.p.** = 이제 막 ~한 상태이다

I	have already seen	that movie.
나는	이미 본 상태이다	그 영화를

see = 보다 → [p.p.] seen
have/has already seen = (과거에 봤고 결과적으로 현재) 이미 본 상태이다
movie = 영화

I have already seen **that movie.**

[직역] 나는 그 영화를 이미 본 상태이다.
[의역] 나 그 영화 이미 봤어.

문장 3번 따라 쓰기

◦

◦

◦

영작해서 2번씩 쓰기

① (직전에 떠나서 없고 결과적으로 현재) 마지막 버스 이미 가 버렸어요.

◦

◦

힌트 the last bus = 마지막 버스 / go = 가다 → [p.p.] gone

② (직전에 식사를 마쳤고 결과적으로 현재) 나 이제 막 저녁 다 먹었어.

◦

◦

힌트 finish = 끝마치다 → [p.p.] finished / finish dinner = 저녁 식사를 끝마치다

나만의 문장 써 보기

◦

◦

◦

듣고 따라 말해 보기

MP3_032

영작 모범 답안

① The last bus has already gone.

② I have just finished dinner.

I have been to America several times.

나 미국에 몇 번 가 봤어.

문장 파헤치기

현재완료시제는 '결과적으로 현재 ~한 상태이다'라는 뜻 외에도
'과거에 ~했던 적이 있다'라는 경험을 말할 때에도 사용 가능.

have/has + p.p. = (과거에) ~했던 적이 있다

I	have been to America	several times.
나는	미국에 가 본 적이 있다	몇 번

be동사의 p.p. → been
have/has been to+장소 = ~라는 곳에 가 본 적이 있다
have/has been to America = 미국에 가 본 적이 있다
several times = 몇 번, 두서너 번

I have been to America several times.

[직역] 나는 몇 번 미국에 가 본 적이 있다.
[의역] 나 미국에 몇 번 가 봤어.

문장 3번 따라 쓰기

◦

◦

◦

영작해서 2번씩 쓰기

① 나는 태국에 한 번 가 봤어.

◦

◦

힌트 Thailand = 태국 / once = 한 번

② 제 생각에 우리 전에 한 번 만난 적이 있어요.

◦

◦

힌트 I think + 문장. = 내 생각엔 ~이다. / meet = 만나다 → [p.p.] met / before = 전에

나만의 문장 써 보기

◦

◦

◦

듣고 따라 말해 보기

MP3_033

영작 모범 답안

① I have been to Thailand once.

② I think we have met once before.

95

I have known him since he was a kid.

난 걔가 어렸을 때부터 걜 알고 지내고 있어.

문장 파헤치기

현재완료시제는 앞서 배운 두 가지(결과, 경험) 사용법 외에도
'과거부터 현재까지 쭉 지속되고 있는 행동'을 말할 때에도 사용 가능

have/has + p.p. = (과거부터 현재까지 쭉) ~해 왔다

I	have known him	since he was a kid.
나는	그를 알아 왔다	그가 어린아이였던 때 이후로

know = 알다 → [p.p.] known
have known him = (과거부터 현재까지 쭉) 그를 알아 왔다
since + 문장 = ~이후로
kid = 어린아이 → since he was a kid = 그가 어린아이였던 때 이후로

I have known him <u>since he was a kid.</u>

[직역] 나는 <u>그가 어린아이였던 때 이후로</u> 그를 알아 왔다.
[의역] 난 걔가 어렸을 때부터 걜 알고 지내고 있어.

문장 3번 따라 쓰기

⊙

⊙

⊙

영작해서 2번씩 쓰기

① 그 사람(남자)은 태어난 이후로 쭉 서울에 살고 있어요.

⊙

⊙

힌트 live = 살다 → [p.p.] lived / be born = 태어나다

② 우린 수년간 서로 알고 지내고 있어.

⊙

⊙

힌트 each other = 서로 / for many years = 수년 동안

나만의 문장 써 보기

⊙

⊙

⊙

듣고 따라 말해 보기

영작 모범 답안

MP3_034

① He has lived in Seoul since he was born.

② We have known each other for many years.

DAY 035

I've been looking for you all day.

나 하루 종일 너 찾고 있었어.

'현재완료진행시제'는 과거에 시작한 일이 현재까지 쭉 이어져
지금도 진행 중인 상태라는 걸 말할 때 사용.
I have = I've / He has = He's / She has = She's / We have = We've

have/has been**＋**동사원형-ing
= (과거에 시작하여 현재까지 쭉) ~해 오고 있는[있던] 중이다

I	have been looking for you	all day
나는	너를 찾아다니고 있던 중이다	하루 종일

look for＋사람[목적격] = ~을 찾다[찾으러 다니다]
all day = 온종일, 하루 종일

I've been looking for <u>you</u> all day.

[직역] 나는 하루 종일 너를 찾아다니고 있던 중이다.
[의역] 나 하루 종일 너 찾고 있었어.

문장 3번 따라 쓰기

○

○

○

영작해서 2번씩 쓰기

① 우리 2시간 동안 기다리고 있었어요.

○

○

힌트 wait = 기다리다 / for <u>two hours</u> = <u>2시간</u> 동안

② 그분은 20년간 이곳에서 일하고 계세요.

○

○

힌트 work here = 이곳에서 일하다 / for twenty years = 20년 동안

나만의 문장 써 보기

○

○

○

듣고 따라 말해 보기

영작 모범 답안

MP3_035

① We've been waiting for two hours.

② He's been working here for twenty years.

I haven't made up my mind yet.

나 아직 결정 못 내렸어.

문장 파헤치기

현재완료시제의 부정형은 have/has 뒤에 not을 붙여서
have not(=haven't) p.p. / has not(=hasn't) p.p.라고 말함.

[현재완료시제의 부정형] haven't/hasn't + p.p.

I	haven't made up	my mind	yet.
나는	정하지 못했다	나의 마음을	아직

make up my mind = 나의 마음을 정하다
haven't made up my mind = (현재까지도) 나의 마음을 못 정하다
yet = 아직(도)
(yet은 현재완료시제 부정문(아직 ~하지 못했다)과 매우 잘 쓰임)

I haven't made up **my mind** yet.

[직역] 나는 아직 <u>나의 마음을</u> 정하지 못했다.
[의역] 나 아직 결정 못 내렸어.

문장 3번 따라 쓰기

○

○

○

영작해서 2번씩 쓰기

① 나 아직 답변 못 받았어.

○

○

힌트 receive = 받다 → [p.p.] received / answer = 답변

② 기차 아직도 도착 안 했어요.

○

○

힌트 train = 기차 / arrive = 도착하다 → [p.p.] arrived

나만의 문장 써 보기

○

○

○

듣고 따라 말해 보기

MP3_036

영작 모범 답안

① I haven't received an answer yet.

② The train hasn't arrived yet.

DAY 037

I've never heard of it before.

나 전에 그거에 대해 들어 본 적 전혀 없는데.

문장 파헤치기

과거에 뭔가를 했던 경험이 0%라고 강하게 부정할 땐
never(결코 ~않다)를 써서 말하면 됨.

have/has never p.p. = ~한 적이 전혀 없다

I	have never heard	of it	before.
나는	들어 본 적이 전혀 없다	그것에 대해	이전에

hear = 듣다 → [p.p.] heard
have heard = 들어 본 적이 있다
have never heard = 들어 본 적이 전혀 없다
before = 이전에, 전에

I've never heard of it before.

[직역] 나는 이전에 그것에 대해 들어 본 적이 전혀 없다.
[의역] 나 전에 그거에 대해 들어 본 적 전혀 없는데.

문장 3번 따라 쓰기

◦

◦

◦

영작해서 2번씩 쓰기

① 난 전에 중국에 가 본 적이 전혀 없어.

◦

◦

힌트 China = 중국

② 우린 이런 건 전혀 본 적이 없어.

◦

◦

힌트 see = 보다 → [p.p.] seen / anything <u>like this</u> = <u>이와 같은</u> 그 무엇이든 → 이런 것

나만의 문장 써 보기

◦

◦

◦

듣고 따라 말해 보기

MP3_037

영작 모범 답안

① I've never been to China before.

② We've never seen anything like this.

Have you finished your packing?

너 짐 다 쌌어?

현재완료시제가 들어간 Yes/No 의문문은
'Have/Has+주어+p.p.?'의 형태로 말하면 됨.

Have/Has+주어+p.p.? = 주어는 ~한 상태이니?

Have you finished	your packing?
너는 끝낸 상태이니?	너의 짐 싸기를

finish = 끝내다 → [p.p.] finished
have finished = (결과적으로 현재) 다 끝냈다
packing = 짐 싸기, 짐 꾸리기

Have you finished **your packing**?

[직역] 너는 너의 짐 싸기를 끝낸 상태이니?
[의역] 너 짐 다 쌌어?

문장 3번 따라 쓰기

○

○

○

영작해서 2번씩 쓰기

① 너 최근에 레이첼 소식 들은 거 있어?

○

○

힌트 hear from+사람 = ~의 소식을 듣다 / recently = 최근에

② 너 머리 잘랐어?

○

○

힌트 have your hair cut = 너의 머리를 자르다

나만의 문장 써 보기

○

○

○

듣고 따라 말해 보기

영작 모범 답안

① Have you heard from Rachel recently?

② Have you had your hair cut?

Have you found a place to live yet?

너 아직도 살 만한 곳 못 찾았어?

문장 파헤치기

현재완료시제의 'Yes/No 의문문' 끝에 부사 yet(아직도)를 붙여 말하면
'아직도 ~하지 못한 상태니?'라고 묻는 질문이 됨.

Have/Has+주어+p.p.+yet? = 주어는 아직도 ~하지 못한 상태니?

Have you found	a place to live	yet?
너는 못 찾은 상태니?	살 곳을	아직도

find = 찾다 → [p.p.] found
place = 장소, 곳
place to-동사원형 = ~할 곳
place to live = 살 곳

Have you found a place to live yet?

[직역] 너는 살 곳을 아직도 못 찾은 상태니?
[의역] 너 아직도 살 만한 곳 못 찾았어?

문장 3번 따라 쓰기

○

○

○

영작해서 2번씩 쓰기

① 너 아직 저녁 안 먹었어?

○

○

힌트 have dinner = 저녁을 먹다, 저녁 식사를 하다

② 너 아직도 케빈 소식 못 들었어?

○

○

힌트 hear from+사람 = ~의 소식을 듣다

나만의 문장 써 보기

○

○

○

듣고 따라 말해 보기

MP3_039

영작 모범 답안

① Have you had dinner yet?

② Have you heard from Kevin yet?

DAY 040

Have you ever seen anything like this?

너 이런 거 본 적 있어?

현재완료시제의 'Yes/No 의문문'에서 주어 뒤에
부사 ever(어느 때, 한번이라도)를 붙여 말하면
'주어는 ~한 적이 있니?'라는 뜻의 경험을 묻는 질문이 됨.

Have/Has + 주어 + ever + p.p.? = 주어는 ~한 적이 있니?

Have you ever seen	anything like this?
너는 본 적이 있니?	이와 같은 그 무엇이든

see = 보다 → [p.p.] seen
anything = 그 무엇이든
anything like this = 이와 같은 그 무엇이든 → 이런 것

Have you ever seen **anything** like this?

[직역] 너는 <u>이와 같은 그 무엇이든</u> 본 적이 있니?
[의역] 너 이런 거 본 적 있어?

문장 3번 따라 쓰기

◌

◌

◌

영작해서 2번씩 쓰기

① 너 태국 음식 먹어 본 적 있어?

◌

◌

힌트 eat = 먹다 → [p.p.] eaten / Thai food = 태국 음식

② 너 전에 중국에 가 본 적 있어?

◌

◌

힌트 have/has been to+장소 = ~에 가 본 적이 있다

나만의 문장 써 보기

◌

◌

◌

듣고 따라 말해 보기

MP3_040

① Have you ever eaten Thai food?

② Have you ever been to China before?

매일 1장
영어 쓰기습관
100일의 기적

CHAPTER 05

가정하며 말하기

041 You should have seen his face.

042 I shouldn't have eaten so much.

043 It might have been deleted.

044 This might not have happened.

045 Somebody must have taken my bike.

046 It could happen to anyone of us.

047 The accident could have been prevented.

048 The timing couldn't have been better.

049 It would be better to wait here.

050 I would have stayed home with you.

DAY 041

You should have seen his face.

네가 걔 얼굴을 봤어야 해.

문장 파헤치기

should+동사원형 = (지금 시점에서) ~하는 것이 좋다, ~해야 한다
should have p.p. = (과거 그 시점에) ~하면 좋았을 거다, ~했어야 했다

should have p.p. = (과거에 못했지만 그때) ~했어야 했다

You	should have seen	his face.
너는	보았어야 했다	그의 얼굴을

see = 보다 → [p.p.] seen
should have seen = (그때 못 봤던 그걸) 보았어야 했다
face = 얼굴

You should have seen **his face.**

[직역] 너는 그의 얼굴을 보았어야 했다.
[의역] 네가 걔 얼굴을 봤어야 해.

문장 3번 따라 쓰기

영작해서 2번씩 쓰기

① 너 좀 더 일찍 왔으면 좋았을 거야.

힌트 come = 오다 → [p.p.] come / early = 일찍 → earlier = 더 일찍

② 내가 더 잘 했어야 했어.

힌트 do = 하다 → [p.p.] done / better = 더 좋은; 더 잘

나만의 문장 써 보기

듣고 따라 말해 보기

영작 모범 답안

① You should have come earlier.

② I should have done better.

DAY 042

I shouldn't have eaten so much.

과식하지 말 걸 그랬어.

문장 파헤치기

'should have p.p.'의 부정 표현은
'should+not'을 써서 'shouldn't have p.p.'라고 하면 됨.

shouldn't have p.p. = (과거에 했지만 그때) ~하지 말았어야 했다

I	shouldn't have eaten	so much.
나는	먹지 말았어야 했다	너무 많이

eat = 먹다 → [p.p.] eaten
should have eaten = 먹었어야 했다
shouldn't have eaten = 먹지 말았어야 했다
so much = 너무 많은[많이]

I shouldn't have eaten **so much.**

[직역] 나는 <u>너무 많이</u> 먹지 말았어야 했다.
[의역] 과식하지 말 걸 그랬어.

문장 3번 따라 쓰기

○

○

○

영작해서 2번씩 쓰기

① 나 어젯밤에 과음하는 게 아니었어.

○

○

힌트 drink = 마시다; 음주하다 → [p.p.] drunk / last night = 지난밤, 어젯밤

② 그 사람(남자) 그렇게 행동해선 안 됐어.

○

○

힌트 act = 행동하다 → [p.p.] acted / like+명사 = ~처럼 → like that = 그것처럼

나만의 문장 써 보기

○

○

○

듣고 따라 말해 보기

영작 모범 답안

① I shouldn't have drunk so much last night.

② He shouldn't have acted like that.

It might have been deleted.

그거 삭제돼 버린 걸 수도 있어.

might + 동사원형 = (지금 시점에) ~일/할 수도 있다
might have p.p. = (과거 시점에) ~일/할 수도 있었다

might have p.p. = **(과거 시점에) ~일/할 수도 있었다**

(과거 시점에) ~이었던/했던 걸 수도 있다

It	might have been deleted.
그것이	지워졌던 걸 수도 있다

delete = 지우다 → [p.p.] deleted
be deleted = 지워지다 (be동사의 p.p.형은 been)
might have been deleted = 지워졌던 걸 수도 있다

It might have been deleted.

[직역] 그것이 지워졌던 걸 수도 있다.
[의역] 그거 삭제돼 버린 걸 수도 있어.

문장 3번 따라 쓰기

- ○
- ○
- ○

영작해서 2번씩 쓰기

① 너 그거 선반 위에 놔둔 걸 수도 있어.

- ○
- ○

힌트 leave+물건 = ~을 놓아두다 → [p.p.] left / shelf = 선반 → on the shelf = 선반 위에

② 내 생각에 네가 나한테 말해 줄 수도 있었어.

- ○
- ○

힌트 tell+사람 = ~에게 말하다 → [p.p.] told

나만의 문장 써 보기

- ○
- ○
- ○

듣고 따라 말해 보기

영작 모범 답안

① You might have left it on the shelf.

② I think you might have told me.

117

DAY 044

This might not have happened.

이런 일이 일어나지 않을 수도 있었어.

문장 파헤치기

'might have p.p.'의 부정 표현은
'might+not'을 써서 'might not have p.p.'라고 하면 됨.

might not have p.p. = **(과거 시점에)** ~이지/하지 않을 수 있었다
(과거 시점에) ~이었던/했던 게 아닐 수 있다

This	might not have happened.
이것은	일어나지 않을 수 있었다

happen = 일어나다, 발생하다 → [p.p.] happened
might have happened = 일어날 수 있었다
might not have happened = 일어나지 않을 수 있었다

This might not have happened.

[직역] 이것은 일어나지 않을 수 있었다.
[의역] 이런 일이 일어나지 않을 수도 있었어.

문장 3번 따라 쓰기

◦

◦

◦

영작해서 2번씩 쓰기

① 그 사람들한텐 선택권이 없었을 수도 있어.

◦

◦

힌트 have = 갖다 → [p.p.] had / choice = 선택(권)

② 걔(남자) 그거에 대해 몰랐을 수도 있어.

◦

◦

힌트 know about+명사 = ~에 대해 알다 → [p.p.] known

나만의 문장 써 보기

◦

◦

◦

듣고 따라 말해 보기

MP3_044

영작 모범 답안

① They might not have had a choice.

② He might not have known about it.

DAY 045

Somebody must have taken my bike.

누가 내 자전거를 가져간 게 분명해.

문장 파헤치기

must+동사원형 = (지금 시점에) ~인/한 것이 틀림없다
must have p.p. = (과거 시점에) ~이었던/했던 것이 틀림없다

must have p.p. = (과거 시점에) ~이었던/했던 것이 틀림없다

Somebody	must have taken	my bike.
누군가	가져갔던 게 틀림없다	나의 자전거를

take = 가지고 가다 → [p.p.] taken
must have taken = 가져갔던 게 틀림없다
somebody = 누군가
bike = 자전거

Somebody must have taken <u>my bike.</u>

[직역] 누군가 <u>나의 자전거를</u> 가져갔던 게 틀림없다.
[의역] 누가 내 자전거를 가져간 게 분명해.

문장 3번 따라 쓰기

○

○

○

영작해서 2번씩 쓰기

① 누군가 그걸 훔쳐간 게 분명해.

○

○

힌트 steal = 훔치다 → [p.p.] stolen

② 나 그걸 어딘가 떨어트린 게 분명해.

○

○

힌트 drop = 떨어트리다 → [p.p.] dropped / somewhere = 어딘가(에)

나만의 문장 써 보기

○

○

○

듣고 따라 말해 보기

MP3_045

① Somebody must have stolen it.

② I must have dropped it somewhere.

DAY 046

It could happen to anyone of us.

그건 우리 중 누구에게든 있을 수 있는 일이야.

문장 파헤치기

could은 현재나 미래에 있을(할) 가능성이 있는 일이나
혹은 있을 수 없는 일(ex: 천만 년 동안 자다)을 상상해서 말할 때 사용.

could+동사원형 = (현재나 미래에) ~일/할 수도 있다
couldn't+동사원형 = (현재나 미래에) ~일/할 수 없을 거다

It	could happen	to anyone of us.
그것은	일어날 수도 있다	우리 중 누구에게나

happen = 일어나다, 발생하다
could happen = 일어날 수도 있다
anyone = 누구(든) / of us = 우리 중

It could happen to anyone of us.

[직역] 그것은 우리 중 누구에게나 일어날 수도 있다.
[의역] 그건 우리 중 누구에게든 있을 수 있는 일이야.

문장 3번 따라 쓰기

○

○

○

영작해서 2번씩 쓰기

① 우린 차를 타고 가거나 기차를 타고 갈 수도 있어.

○

○

힌트 go by+교통 수단 = ~을 타고 가다 / car = 자동차 / train = 기차

② 난 너 없인 못 살 거야.

○

○

힌트 live = 살다 / without+명사 = ~없이

나만의 문장 써 보기

○

○

○

듣고 따라 말해 보기

MP3_046

① We could go by car or by train.

② I couldn't live without you.

The accident could have been prevented.

그 사고는 막을 수 있었어.

문장 파헤치기

could가 현재나 미래에 있거나 벌어질 가능성이 있는 일을 얘기한다면,
could have p.p.는 '과거'에 있었거나 벌어졌을 가능성이 있는 일을 얘기.

could have p.p. = (과거 시점에) ~일/할 수 있었을 거다

The accident	**could have been prevented.**
그 사고는	예방될 수 있었을 거다

prevent = 예방하다 → [p.p.] prevented
be prevented = 예방되다 ('be동사'의 p.p.형은 been)
could have been prevented = 예방될 수 있었을 거다
accident = 사고

The accident could have been prevented.

[직역] 그 사고는 예방될 수 있었을 거다.
[의역] 그 사고는 막을 수 있었어.

문장 3번 따라 쓰기

○

○

○

영작해서 2번씩 쓰기

① 누군가 다칠 수도 있었어.

○

○

힌트   someone = 누군가 / hurt = 다치게 하다 → [p.p.] hurt

② 내 생각에 내가 좀 더 잘 할 수 있었어.

○

○

힌트   do = 하다 → [p.p.] done / better = 더 좋은; 더 잘

나만의 문장 써 보기

○

○

○

듣고 따라 말해 보기

MP3_047

영작 모범 답안

① Someone could have been hurt.

② I think I could have done better.

DAY 048

DAY 048

The timing couldn't have been better.

그보다 더 좋은 타이밍은 없었을 거야.

문장 파헤치기

'could have p.p.'의 부정 표현은
'could+not'을 써서 'couldn't have p.p.'라고 하면 됨.

couldn't have p.p. = (과거 시점에) ~일/할 수 없었을 거다

The timing	couldn't have been better.
타이밍이	더 좋을 순 없었을 거다

be better = 더 좋다, 더 낫다
could have been better = 더 좋을 수 있었을 거다
couldn't have been better = 더 좋을 순 없었을 거다
(위 표현은 '(더 좋을 수 없었을 정도로) 최고였다'라는 의미로 사용.)

The timing couldn't have been better.

[직역] 타이밍이 더 좋을 순 없었을 거다.
[의역] 그보다 더 좋은 타이밍은 없었을 거야.

문장 3번 따라 쓰기

○

○

○

영작해서 2번씩 쓰기

① 걔들은 서로 진짜 달랐어. (걔들은 더 다를 순 없었을 거야.)

○

○

힌트 different = 다른 → more different = 더 다른

② 나 너 없인 이걸 못 했을 거야.

○

○

힌트 do = 하다 → [p.p.] done / without+명사 = ~없이

나만의 문장 써 보기

○

○

○

듣고 따라 말해 보기

MP3_048

① They couldn't have been more different.

② I couldn't have done this without you.

DAY 049

It would be better to wait here.

여기서 기다리는 게 더 나을 것 같아.

문장 파헤치기

would는 어떠한 상황이 있거나 어떠한 행동을 할 수도 있다고
상상하거나 가정해서 말할 때 사용.

would + 동사원형 = (상상/가정컨대) ~일/할 것이다
wouldn't + 동사원형 = (상상/가정컨대) ~일/하지 않을 것이다

It	would be better	to wait here.
(가짜 주어)	더 나을 것이다	여기서 기다리는 것이

be better = 더 좋다, 더 낫다
would be better = 더 좋을[나을] 것이다
wait = 기다리다 / here = 여기에(서)

It would be better **to wait here.**

[직역] 여기서 기다리는 것이 더 나을 것이다.
[의역] 여기서 기다리는 게 더 나을 것 같아.

문장 3번 따라 쓰기

○

○

○

영작해서 2번씩 쓰기

① 다시 뵈면 좋을 것 같습니다.

○

○

힌트 nice = 좋은 / see = 보다 / again = 다시

② 나 자진해서 거기 가진 않을 거야.

○

○

힌트 go there = 그곳에 가다 / by choice = 선택해서, 원해서, 자진해서

나만의 문장 써 보기

○

○

○

듣고 따라 말해 보기

MP3_049

영작 모범 답안

① It would be nice to see you again.

② I wouldn't go there by choice.

I would have stayed home with you.

나 너랑 집에 있었을 거야.

현재나 미래가 아닌 '과거'에 '~이었을 것이다, ~했을 것이다'라고
상상하거나 가정해서 말할 땐 'would have p.p.'를 사용.

would have p.p. = (과거 시점에) ~이었을/했을 것이다

wouldn't have p.p. = (과거 시점에) ~이지/하지 않았을 것이다

I	would have stayed	home	with you.
나는	머물렀을 것이다	집에	너와 함께

stay = 머물다 → [p.p.] stayed

would have stayed = 머물렀을 것이다

home = 집(에) / with you = 너와 함께

I would have stayed <u>home</u> with you.

[직역] 나는 너와 함께 <u>집</u>에 머물렀을 것이다.

[의역] 나 너랑 집에 있었을 거야.

문장 3번 따라 쓰기

○

○

○

영작해서 2번씩 쓰기

① 난 걔(남자)한테 전화했을 거야, 그런데 걔 번호를 까먹었었어.

○

○

힌트 call = 전화하다 → [p.p.] called / forget = 까먹다 → [과거형] forgot

② 그건 너 없인 불가능했을 거야.

○

○

힌트 possible = 가능한 / without+명사 = ~없이

나만의 문장 써 보기

○

○

○

듣고 따라 말해 보기

MP3_050

영작 모범 답안

① I would have called him, but I forgot his number.

② It wouldn't have been possible without you.

매일 1장

영어 쓰기 습관

100일의 기적

CHAPTER 06
If로 말하기

051 If you don't mind, I will get going.

052 If we don't leave now, we will miss the plane.

053 You wouldn't believe me if I told you.

054 If I were you, I wouldn't think twice.

055 If I had seen you, I would have said hello.

056 If I'd studied harder, I would've passed the test.

057 If I'd taken a taxi, I wouldn't have been late.

058 If I hadn't gone there, we wouldn't have met.

059 I wish I had a house of my own.

060 I wish I had listened to my parents.

If you don't mind, I will get going.

괜찮으시다면 저는 가겠습니다.

문장 파헤치기

'if(~라면)'이라는 접속사로 각종 가정문을 만들어 말할 수 있음.

[현재 시점의 강한 가정]

If 주어 + 현재시제 동사, (주어가 ~하면)

주어 will + 동사원형. (주어는 ~할 것이다)

If **you** don't mind	I will get going.
당신이 상관하지 않는다면	나는 갈 것이다

mind = 언짢게 여기다, 상관하다

get going = 떠나다, 출발하다

If **you** don't mind, I will get going.

[직역] 당신이 상관하지 않는다면, 나는 갈 것이다.

[의역] 괜찮으시다면 저는 가겠습니다.

문장 3번 따라 쓰기

○

○

○

영작해서 2번씩 쓰기

① 우리 지금 떠나지 않으면, 비행기를 놓칠 거야.

○

○

힌트 leave = 떠나다 / miss = 놓치다 / plain = 비행기

② 비가 오면, 경기(게임)는 연기될 것입니다.

○

○

힌트 rain = 비가 오다 → It rains. = 비가 내린다. / be postponed = 연기되다

나만의 문장 써 보기

○

○

○

듣고 따라 말해 보기

MP3_051

영작 모범 답안

① If we don't leave now, we will miss the plane.

② If it rains, the game will be postponed.

DAY 052

If I won the lottery, I would pay off my debts.

내가 복권에 당첨되면 난 빚 갚을 거야.

문장 파헤치기

명확한 가정이 아닌, 불확실하고 막연한 가정을 할 땐 아래와 같이 말함.

[현재 시점의 불확실한/막연한 가정]

If 주어+과거시제 동사, (주어가 ~하면)

주어 would+동사원형. (주어는 ~할 것이다)

If I won the lottery	I would pay off my debts.
내가 복권에 당첨된다면	나는 내 빚을 갚을 것이다

win = 이기다; 따다 → [과거형] won

lottery = 복권 → win the lottery = 복권에 당첨되다

pay off = ~을 갚다[청산하다] / debt = 빚, 부채

If I won the lottery, I would pay off my debts.

[직역] 내가 복권에 당첨된다면, 나는 내 빚을 갚을 것이다.

[의역] 내가 복권에 당첨되면 난 빚 갚을 거야.

문장 3번 따라 쓰기

◦

◦

◦

영작해서 2번씩 쓰기

① 내가 걔(여자) 번호를 알면, 걔한테 전화할 텐데.

◦

◦

힌트   know = 알다 → [과거형] knew / phone number = 전화번호 / call = 전화하다

② 그 사람(남자)이 내게 자기랑 결혼하자고 청하면, 난 '네'라고 말할 거야.

◦

◦

힌트   ask+A+to-동사원형 = A에게 ~하라고 부탁하다 / marry+사람 = ~와 결혼하다

나만의 문장 써 보기

◦

◦

◦

듣고 따라 말해 보기

MP3_052

영작 모범 답안

① If I knew her phone number, I would call her.

② If he asked me to marry him, I would say yes.

You wouldn't believe me if I told you.

내가 말하면 넌 안 믿을 거야.

'If+문장' 부분은 앞쪽이 아닌 뒤쪽에 놓고 말할 수도 있음.

[현재 시점의 불확실한/막연한 가정]
주어 wouldn't+동사원형 (주어는 ~하지 않을 것이다)
if 주어+과거시제 동사. (주어가 ~하면)

You wouldn't believe **me**	**if I** told **you.**
너는 나를 믿지 않을 것이다	내가 너에게 말하면

believe = 믿다
tell = 말하다 → [과거형] told

You wouldn't believe **me if I** told **you.**

[직역] 내가 너에게 말하면 너는 나를 믿지 않을 것이다.
[의역] 내가 말하면 넌 안 믿을 거야.

문장 3번 따라 쓰기

○

○

○

영작해서 2번씩 쓰기

① 네가 나한테 말 안 하면 난 알 수가 없지.

○

○

힌트 know = 알다 / tell = 말하다

② 네가 가 버려도 난 상관 안 할 거야.

○

○

힌트 care = 상관하다, 신경 쓰다 / walk away = 떠나 버리다 → [과거형] walked away

나만의 문장 써 보기

○

○

○

듣고 따라 말해 보기

MP3_053

영작 모범 답안

① I wouldn't know if you didn't tell me.

② I wouldn't care if you walked away.

DAY 054

If I were you, I wouldn't think twice.

내가 너라면 두 번 생각 안 해.

문장 파헤치기

'내가 너라면'이라고 가정할 때 'I(나는)' 뒤엔 was 대신 were을 써도 됨.

[현재 시점의 불확실한/막연한 가정]

If I were you, (내가 너라면)
I would/wouldn't + 동사원형. (나는 ~할/하지 않을 것이다)

If I were you	I wouldn't think **twice.**
내가 너라면	나는 두 번 생각하지 않을 것이다

think = 생각하다 / twice = 두 번
think twice = 두 번 생각하다

If I were you, I wouldn't think **twice.**

[직역] 내가 너라면, 나는 두 번 생각하지 않을 것이다.
[의역] 내가 너라면 두 번 생각 안 해.

문장 3번 따라 쓰기

ⓞ

ⓞ

ⓞ

영작해서 2번씩 쓰기

① 내가 너라면 걔(여자)한테 사과할 거야.

ⓞ

ⓞ

힌트 apologize to+사람[목적격] = ~에게 사과하다

② 내가 너라면, 그 제안 받아들일 거야.

ⓞ

ⓞ

힌트 accept = 수용하다, 받아들이다 / offer = 제안

나만의 문장 써 보기

ⓞ

ⓞ

ⓞ

듣고 따라 말해 보기

영작 모범 답안

MP3_054

① If I were you, I would apologize to her.

② If I were you, I would accept the offer.

141

_____월_____일

If I had seen you, I would have said hello.

내가 너를 봤으면 인사했겠지.

문장 파헤치기

현재가 아닌 '과거' 시점에서 가정할 땐 아래와 같이 말함.

[과거 시점의 가정]

If 주어+had p.p., (주어가 ~했다면)

주어+would have p.p. (주어는 ~했을 것이다)

If I had seen you	I would have said hello.
내가 너를 봤다면	나는 '안녕'이라고 말했을 것이다

---

see = 보다 → [p.p.] seen

say = 말하다 → [p.p.] said

hello = 안녕; 여보세요

If I had seen you, I would have said hello.

[직역] 내가 너를 봤다면, 나는 '안녕'이라고 말했을 것이다.

[의역] 내가 너를 봤으면 인사했겠지.

문장 3번 따라 쓰기

○

○

○

영작해서 2번씩 쓰기

① 내가 그걸 알았으면 너한테 말했을 거야.

○

○

힌트 know = 알다 → [p.p.] known / tell = 말하다 → [p.p.] told

② 네가 좀 더 일찍 왔다면 걔(남자) 만났을 거야.

○

○

힌트 come = 오다 → [p.p.] come / meet = 만나다 → [p.p.] met / earlier = 더 일찍

나만의 문장 써 보기

○

○

○

듣고 따라 말해 보기

영작 모범 답안

① If I had known it, I would have told you.

② If you had come earlier, you would have met him.

If I'd studied harder, I would've passed the test.

내가 더 열심히 공부했으면 시험에 붙었을 거야.

문장 파헤치기

I had = I'd / you had = you'd / would have = would've

[과거 시점의 가정]

If I'd/you'd p.p., (내가/네가 ~했다면)

주어+would've p.p. (주어는 ~했을 것이다)

If I'd studied **harder**	I would've passed **the test.**
내가 더 열심히 공부했다면	나는 시험에 통과했을 것이다

study = 공부하다 → [p.p.] studied

pass = 통과하다 → [p.p.] passed

hard = 열심히 → harder = 더 열심히 / test = 시험

If I'd studied **harder,** I would've passed **the test.**

[직역] 내가 더 열심히 공부했다면, 나는 시험에 통과했을 것이다.

[의역] 내가 더 열심히 공부했으면 시험에 붙었을 거야.

문장 3번 따라 쓰기

○

○

○

영작해서 2번씩 쓰기

① 내가 거기 있었으면 널 도왔을 거야.

○

○

힌트 be there = 그곳에 있다 / help = 도와주다 → [p.p.] helped

② 네가 늦게 왔으면(도착했으면) 나 화났을 거야.

○

○

힌트 arrive = 도착하다 → [p.p.] arrived / late = 늦게 / angry = 화가 난

나만의 문장 써 보기

○

○

○

듣고 따라 말해 보기

영작 모범 답안

MP3_056

① If I'd been there, I would've helped you.

② If you'd arrived late, I would've been angry.

DAY 057

If I'd taken a taxi, I wouldn't have been late.

택시를 탔으면 안 늦었을 텐데.

문장 파헤치기

이번엔 부정형 'wouldn't have p.p.'를 가지고 말해 보기!

[과거 시점의 가정]

If 주어+had p.p., (주어가 ~했다면)

주어+wouldn't have p.p. (주어는 ~하지 않았을 것이다)

If I'd taken a taxi	I wouldn't have been late.
내가 택시를 탔다면	난 늦지 않았을 것이다

take = (교통 수단 등을) 타다 → [p.p.] taken

take a taxi = 택시를 타다

late = 늦은, 지각한

If I'd taken a taxi, I wouldn't have been late.

[직역] 내가 택시를 탔다면 난 늦지 않았을 것이다.

[의역] 택시를 탔으면 안 늦었을 텐데.

문장 3번 따라 쓰기

○

○

○

영작해서 2번씩 쓰기

① 내가 일찍 일어났으면 안 늦었을 텐데.

○

○

힌트 wake up = 일어나다 → [p.p.] woken up / early = 일찍

② 내가 좀 더 조심했으면 다치지 않았을 거야.

○

○

힌트 careful = 조심하는 → more careful = 더 조심하는 / be hurt = 다치다

나만의 문장 써 보기

○

○

○

듣고 따라 말해 보기

MP3_057

영작 모범 답안

① If I'd woken up early, I wouldn't have been late.

② If I'd been more careful, I wouldn't have been hurt.

If I hadn't gone there, we wouldn't have met.

내가 거기 안 갔으면 우린 못 만났어.

문장 파헤치기

이번엔 'had p.p.'를 'had not(hadn't) p.p.'로 바꿔서 말해 보기!

[과거 시점의 가정]

If 주어+hadn't p.p., (주어가 ~하지 않았다면)

주어+would/wouldn't have p.p. (주어는 ~했을/하지 않았을 것이다)

If I hadn't gone there	we wouldn't have met.
내가 거기 가지 않았다면	우린 안 만났을 것이다

go = 가다 → [p.p.] gone

go there = 그곳(거기에) 가다

meet = 만나다 → [p.p.] met

If I hadn't gone **there, we** wouldn't have met.

[직역] 내가 거기 가지 않았다면, 우린 안 만났을 것이다.

[의역] 내가 거기 안 갔으면 우린 못 만났어.

문장 3번 따라 쓰기

○

○

○

영작해서 2번씩 쓰기

① 네가 나한테 그걸 말 안 했으면 난 몰랐을 거야.

○

○

힌트 tell+사람[목적격]+A = ~에게 A를 말하다 → [p.p.] told / know = 알다 → [p.p.] known

② 걔(남자)가 날 안 도와줬으면 난 곤경에 처했을 거야.

○

○

힌트 help = 도와주다 → [p.p.] helped / be in trouble = 곤경에 처하다

나만의 문장 써 보기

○

○

○

듣고 따라 말해 보기

영작 모범 답안

① If you hadn't told me that, I wouldn't have known.

② If he hadn't helped me, I would've been in trouble.

DAY 059

I wish I had a house of my own.

나한테 내 집이 있었으면 좋겠다.

문장 파헤치기

'불확실하고 막연한 소망[바람]'에 대해서 말할 땐 아래와 같이 표현.

[현재 시점의 불확실한/막연한 바람]

I wish 주어＋과거시제 동사.

= 주어가 ~이라면/한다면 **좋을 텐데.**

I wish	I had a house of my own.
(~이면) 좋을 텐데	내가 나만의 집을 가진다면

house = 집 / of my own = 나 자신의
house of my own = 나 자신의 집, 나만의 집
have a house of my own = 나만의 집을 갖다

I wish I had a house of my own.

[직역] 내가 나만의 집을 가진다면 좋을 텐데.
[의역] 나한테 내 집이 있었으면 좋겠다.

문장 3번 따라 쓰기

○

○

○

영작해서 2번씩 쓰기

① 내가 더 좋은 대학에 다녔으면 좋겠다.

○

○

힌트 university = 대학 → go to a university = 대학에 다니다

② 네가 우리랑 같이 여기 있었으면 좋겠다.

○

○

힌트 be here = 여기에 있다 / with us = 우리와

나만의 문장 써 보기

○

○

○

듣고 따라 말해 보기

MP3_059

영작 모범 답안

① I wish I went to a better university.

② I wish you were here with us.

DAY 060

I wish I had listened to my parents.

내가 우리 부모님 말씀을 들었더라면 좋았을 텐데.

과거에 못했던 것에 대한 아쉬움, 안타까움을 말할 땐 아래와 같이 표현.

[과거 못했던 것에 대한 안타까움]

I wish 주어+had p.p.

= 주어가 ~이었다면/했더라면 **좋았을 텐데.**

I wish	I had listened to my parents.
(~이면) 좋았을 텐데	내가 나의 부모님의 말을 들었더라면

listen = 듣다 → [p.p.] listened

listen to+사람 = ~의 말을 듣다

my parents = 나의 부모님

I wish I had listened to my parents.

[직역] 내가 나의 부모님의 말을 들었더라면 좋았을 텐데.

[의역] 내가 우리 부모님 말씀을 들었더라면 좋았을 텐데.

문장 3번 따라 쓰기

　　○

　　○

　　○

영작해서 2번씩 쓰기

① 내가 너랑 같이 거기 있었으면 좋았을 텐데.

　　○

　　○

힌트　be there = 그곳에 있다 / with you = 너와 함께

② 어젯밤에 과식하지 않았더라면 좋았을 텐데.

　　○

　　○

힌트　eat = 먹다 → [p.p.] eaten / so much = 너무 많이 / last night = 어젯밤

나만의 문장 써 보기

　　○

　　○

　　○

듣고 따라 말해 보기

MP3_060

① I wish I had been there with you.

② I wish I hadn't eaten so much last night.

매일 1장

영어 쓰기습관

100일의 기적

CHAPTER 07

뭉뚱그려 말하기

061 I saw you put something in your pocket.

062 I saw you holding hands with someone else.

063 I didn't hear you come in last night.

064 I can smell something burning in the kitchen.

065 I've never seen you break your promises.

066 I was sitting at home all day doing nothing.

067 I fell asleep watching Youtube on my phone.

068 Having had dinner, I drank a cup of coffee.

069 Being close friends, we know each other well.

070 Not feeling well, I didn't go to work today.

I saw you put something in your pocket.

나 네가 주머니에 뭐 넣는 거 봤어.

문장 파헤치기

'(문장1) A가 ~을 했다 / (문장2) 내가 그런 A를 봤다' 이 두 문장을 합쳐서
하나의 문장으로 말할 땐 아래와 같은 표현을 씀.

see+대상[목적격]+동사원형 = ~가 ~하는 걸 보다

I	saw you put	something	in your pocket.
나는	네가 넣는 걸 봤다	무언가를	네 주머니에

see = 보다 → [과거형] saw
put = 두다, 넣다
something = 무언가
pocket = 주머니 → in your pocket = 너의 주머니에

I saw you put **something** in your pocket.

[직역] 나는 네가 네 주머니에 <u>무언가를</u> 넣는 걸 봤다.
[의역] 나 네가 주머니에 뭐 넣는 거 봤어.

문장 3번 따라 쓰기

○

○

○

영작해서 2번씩 쓰기

① 나 오늘 아침에 걔(여자)가 집에서 나가는 거 봤어.

○

○

힌트 leave+장소 = ~을 떠나다 / house = 집 / this morning = 오늘 아침에

② 나 걔(남자)가 자기 차 타고 가는 걸 봤어.

○

○

힌트 get into+탈 것 = ~에 타다 / car = 차 / drive away = (차를 몰고) 떠나다

나만의 문장 써 보기

○

○

○

듣고 따라 말해 보기

영작 모범 답안

① I saw her leave the house this morning.

② I saw him get into his car and drive away.

_____월 _____일

I saw you holding hands with someone else.

나 네가 어떤 사람이랑 손잡고 있는 거 봤어.

문장 파헤치기

'(문장1) A가 ~을 하고 있었다 / (문장2) 내가 그런 A를 봤다' 이 두 문장을 합쳐서
하나의 문장으로 말할 땐 아래와 같은 표현을 씀.

see+대상[목적격]+동사원형-ing = ~가 ~하고 있는 걸 보다

I	saw you holding	hands	with someone else.
나는	네가 잡고 있는 걸 봤다	손을	다른 누군가와

hold = 잡다 / hand = 손
hold hands = 손을 맞잡다
hold hands with+사람 = ~와 손을 맞잡다
someone else = 어떤 다른 사람, 다른 누군가

I saw you holding <u>hands</u> with someone else.

[직역] 나는 네가 다른 누군가와 <u>손</u>을 잡고 있는 걸 봤다.
[의역] 나 네가 어떤 사람이랑 손잡고 있는 거 봤어.

문장 3번 따라 쓰기

○

○

○

영작해서 2번씩 쓰기

① 나 네가 어떤 사람한테 말 걸고 있는 거 봤어.

○

○

힌트 talk to+사람 = ~에게 말하다[말을 걸다]

② 나 걔(남자)가 걸어서 길 건너가고 있는 거 봤어.

○

○

힌트 walk across = (~을) 걸어서 건너다 / street = 길

나만의 문장 써 보기

○

○

○

듣고 따라 말해 보기

영작 모범 답안

① I saw you talking to someone else.

② I saw him walking across the street.

DAY 063

I didn't hear you come in last night.

나 어젯밤에 네가 들어오는 소리 못 들었어.

문장 파헤치기

'hear(듣다)'라는 동사도 앞서 배운 'see(보다)'와 같이 활용 가능.
'see, hear'와 같이 무언가를 '지각'하는 동사를 '지각동사'라 함.

hear+대상[목적격]+동사원형 = ~가 ~하는 소리를 **듣다**
hear+대상[목적격]+동사원형-ing = ~가 ~하고 있는 소리를 **듣다**

I	didn't hear you come in	last night.
나는	네가 들어오는 소리를 못 들었다	어젯밤에

come in = 들어오다
last night = 어젯밤(에)

I didn't hear you come in **last night.**

[직역] 나는 어젯밤에 네가 들어오는 소리를 못 들었다.
[의역] 나 어젯밤에 네가 들어오는 소리 못 들었어.

문장 3번 따라 쓰기

○

○

○

영작해서 2번씩 쓰기

① 나 초인종 울리는 소리 못 들었어.

○

○

힌트 doorbell = 초인종 / ring = 울리다

② 나 네가 자면서 울고 있는 소리 들었어.

○

○

힌트 cry = 울다 / in one's sleep = ~가 자는 동안 → in your sleep = 네가 자는 동안

나만의 문장 써 보기

○

○

○

듣고 따라 말해 보기

MP3_063

영작 모범 답안

① I didn't hear the doorbell ring.

② I heard you crying in your sleep.

I can smell something burning in the kitchen.

주방에서 뭔가 타고 있는 냄새가 나는데.

문장 파헤치기

see, hear 외에 아래와 같은 다른 지각동사로 말하는 것도 가능.
(ex) smell = 냄새를 맡다 / feel = 느끼다

smell + 대상[목적격] + 동사원형-ing = **~가** ~하고 있는 냄새를 **맡다**
feel + 대상[목적격] + 동사원형-ing = **~가** ~하고 있는 것을 **느끼다**

I	can smell something burning	in the kitchen.
나는	무언가 타고 있는 냄새를 맡을 수 있다	주방에서

something = 무언가
burn = 타다, 태우다
kitchen = 주방

I can smell something burning **in the kitchen.**

[직역] 나는 주방에서 무언가 타고 있는 냄새를 맡을 수 있다.
[의역] 주방에서 뭔가 타고 있는 냄새가 나는데.

문장 3번 따라 쓰기

◦

◦

◦

영작해서 2번씩 쓰기

① 뭔가 내 팔을 기어올라가고 있는 게 느껴져.

◦

◦

힌트 crawl up = 기어오르다 / my <u>arm</u> = 내 팔

② 잠결에 누군가 날 만진 걸 느꼈어.

◦

◦

힌트 feel → [과거형] felt / touch = 만지다 / in my sleep = 내가 자는 동안

나만의 문장 써 보기

◦

◦

◦

듣고 따라 말해 보기

MP3_064

영작 모범 답안

① I can feel something crawling up my arm.

② I felt someone touch me in my sleep.

I've never seen you break your promises.

난 네가 약속 어기는 걸 본 적이 없어.

문장 파헤치기

이번엔 'see/hear+사람[목적격]+동사원형'을
현재완료시제로 말하는 연습해 보기!

have never seen/hear+대상[목적격]+동사원형
= ~가 <u>하는 것을</u> 본 적이/들은 적이 없다

I	have never seen you break	your promises.
나는	네가 깨는 것을 본 적이 없다	너의 약속을

break = 깨다, 부수다
promise = 약속 → your promises = 너의 약속(들)
break your promises = 너의 약속을 깨다

I've never seen you break **your promises.**

[직역] 나는 네가 <u>너의 약속을</u> 깨는 것을 본 적이 없다.
[의역] 난 네가 약속 어기는 걸 본 적이 없어.

문장 3번 따라 쓰기

○

○

○

영작해서 2번씩 쓰기

① 난 네가 전에 모자 쓴 걸 본 적이 없어.

○

○

힌트 wear = 입다, 착용하다 / hat = 모자 / before = 이전에

② 난 걔(남자)가 사람들 있는 곳에서 노래 부르는 걸 들은 적이 없어.

○

○

힌트 sing = 노래하다 / in public = 사람들이 있는 데에서

나만의 문장 써 보기

○

○

○

듣고 따라 말해 보기

영작 모범 답안

MP3_065

① I've never seen you wear a hat before.

② I've never heard him sing in public.

DAY 066

I was sitting at home all day doing nothing.

나 아무것도 안 하면서 집에서 빈둥대고 있었어.

문장 파헤치기

(문장1) A가 ~을 했다
(문장2) 같은 시간 동안 A가 ~도 하고 있었다
위 두 문장을 하나의 문장으로 말할 땐 아래와 같이 표현.

문장(주어+동사)+동사원형-ing. = 주어가 ~하면서 ~했다.

I was sitting at home	doing nothing.
나는 집에 죽치고 있었다	아무것도 하지 않으면서

sit at home = (할 일 없이) 집에 죽치고 있다
nothing = 아무것도 아닌 것
do nothing = 아무것도 하지 않다

I was sitting at home doing nothing.

[직역] 나는 아무것도 하지 않으면서 집에 죽치고 있었다.
[의역] 나 아무것도 안 하면서 집에서 빈둥대고 있었어.

문장 3번 따라 쓰기

○

○

○

영작해서 2번씩 쓰기

① 난 사진을 찍으면서 시내를 돌아다녔어.

○

○

힌트 walk around the town = 시내를 돌아다니다 / take pictures = 사진을 찍다

② 걔(남자) 자기 숙제하면서 자기 방에 있어.

○

○

힌트 his room = 그의 방 / do his homework = 그의 숙제를 하다

나만의 문장 써 보기

○

○

○

듣고 따라 말해 보기

영작 모범 답안

① I walked around the town taking pictures.

② He is in his room doing his homework.

DAY 067

I fell asleep watching Youtube on my phone.

나 휴대폰으로 유튜브 보다가 잠들었어.

문장 파헤치기

(문장1) A가 ~을 하고 있었다
(문장2) '문장1'을 하는 동안 A에게 ~라는 일이 발생했다
위 두 문장을 하나의 문장으로 말할 땐 아래와 같이 표현.

문장(주어+동사)+동사원형-ing. = 주어가 ~하는 도중에 ~했다.

I fell asleep	watching Youtube on my phone.
나는 잠이 들었다	내 휴대폰으로 유튜브를 보는 도중에

fall asleep = 잠이 들다 → [과거형] fell asleep
watch = 보다, 관람하다
on my phone = 내 휴대폰으로

I fell asleep watching Youtube on my phone.

[직역] 나는 내 휴대폰으로 유튜브를 보는 도중에 잠이 들었다.
[의역] 나 휴대폰으로 유튜브 보다가 잠들었어.

문장 3번 따라 쓰기

○

○

○

영작해서 2번씩 쓰기

① 나 농구 하는 도중에 발목을 삐끗했어.

○

○

힌트 twist = 비틀다; 삐끗하다 / ankle = 발목 / play basketball = 농구를 하다

② 걔(남자) 어제 차 몰고 회사에 가는 도중에 사고를 당했대.

○

○

힌트 have an accident = 사고를 당하다 / drive to work = 직장에 차를 몰고 가다

나만의 문장 써 보기

○

○

○

듣고 따라 말해 보기

영작 모범 답안

MP3_067

① I twisted my ankle playing basketball.

② He had an accident driving to work yesterday.

Having had dinner, I drank a cup of coffee.

나 저녁 먹고 나서 커피 한잔 마셨어.

문장 파헤치기

(문장1) A가 ~을 했다
(문장2) '문장1'을 한 다음 A가 ~을 했다
위 두 문장을 하나의 문장으로 말할 땐 아래와 같이 표현.

Having p.p., **주어+동사**. = ~한 다음, **주어는 ~했다**.

Having had dinner	I drank a cup of coffee.
저녁을 먹은 다음	나는 커피 한잔을 마셨다

have dinner = 저녁을 먹다
drink = 마시다; 음주하다 → [과거형] drank
coffee = 커피 → a cup of coffee = 커피 한잔

Having had dinner, I drank a cup of coffee.

[직역] 저녁을 먹은 다음, 나는 커피 한잔을 마셨다.
[의역] 나 저녁 먹고 나서 커피 한잔 마셨어.

문장 3번 따라 쓰기

○

○

○

영작해서 2번씩 쓰기

① 나 샤워하고 나서 자러 갔어.

○

○

힌트 take a shower = 샤워하다 / go to bed = 자러 가다

② 나 일 끝내고 나서 집에 갔어.

○

○

힌트 finish = 끝내다 / my work = 나의 일 / go home = 집에 가다

나만의 문장 써 보기

○

○

○

듣고 따라 말해 보기

MP3_068

영작 모범 답안

① Having taken a shower, I went to bed.

② Having finished my work, I went home.

_____ 월 _____ 일

Being close friends, we know each other well.

우린 친한 친구라서 서로를 잘 알아.

문장 파헤치기

(문장1) A가 ~이다/한다.
(문장2) '문장1'이라서 A가 ~이다/한다.
위 두 문장을 하나의 문장으로 말할 땐 아래와 같이 표현.

동사원형-ing, **주어+동사.** = ~이라서/해서, **주어는 ~이다/한다.**

Being close friends	we know each other well.
가까운 친구 사이라서	우리는 서로를 잘 안다

close friends = 가까운 친구 사이
→ be close friends = 가까운 친구 사이다
know = 알다 / each other = 서로 / well = 잘

Being close friends, **we know each other well.**

[직역] 가까운 친구 사이라서, 우리는 서로를 잘 안다.
[의역] 우린 친한 친구라서 서로를 잘 알아.

문장 3번 따라 쓰기

- ○
- ○
- ○

영작해서 2번씩 쓰기

① 난 공원 옆에 살아서 종종 거기서 산책해.

- ○
- ○

힌트 live by+장소 = ~옆에 살다 / park = 공원 / take a walk = 산책하다

② 난 너무 피곤해서 집에 가고 싶었어.

- ○
- ○

힌트 feel (so) tired = (너무) 피곤하게 느끼다 / go home = 집에 가다

나만의 문장 써 보기

- ○
- ○
- ○

듣고 따라 말해 보기

MP3_069

① Living by the park, I often take a walk there.

② Feeling so tired, I wanted to go home.

Not feeling well,
I didn't go to work today.

나 몸이 안 좋아서 오늘 출근 안 했어.

문장 파헤치기

앞서 배운 '동사원형-ing, 주어+동사' 문형에서
'동사원형-ing' 앞에 'not'을 붙여 말하면 아래와 같은 의미가 됨.

Not 동사원형-ing, **주어+동사**.

= ~이지/하지 않아서, **주어는 ~이다/한다**.

Not feeling well	I didn't go to work today.
건강 상태가 좋지 않아서	나는 오늘 일하러 가지 않았다

feel well = 기분이[건강 상태가] 좋다
go to work = 일하러 가다, 출근하다

Not feeling well, **I didn't go to work today.**

[직역] 건강 상태가 좋지 않아서, 나는 오늘 일하러 가지 않았다.
[의역] 나 몸이 안 좋아서 오늘 출근 안 했어.

문장 3번 따라 쓰기

○

○

○

영작해서 2번씩 쓰기

① 나 시간이 충분히 없어서 아침은 걸렀어.

○

○

힌트 have <u>enough time</u> = 충분한 시간이 있다 / skip <u>breakfast</u> = 아침을 거르다

② 나 거기서 아무도 몰라서 마음이 불편했어.

○

○

힌트 know = 알다 / anyone = 아무(도) / feel <u>uncomfortable</u> = 불편하게 느끼다

나만의 문장 써 보기

○

○

○

듣고 따라 말해 보기

MP3_070

영작 모범 답안

① Not having enough time, I skipped breakfast.

② Not knowing anyone there, I felt uncomfortable.

매일 1장

영어 쓰기 습관

100일의 기적

CHAPTER 08
간접적으로 묻기

071 I don't know what you are talking about.

072 Do you know what time the store opens?

073 Do you know who the world's richest man is?

074 Could you tell me where the nearest station is?

075 I wonder why you are so good to me.

076 I don't know how to thank you.

077 What do you think is the biggest problem?

078 Who do you think will be the next president?

079 Where do you think is the best place to live?

080 Why do you think you are suitable for this job?

I don't know what you are talking about.

나는 네가 무슨 소릴 하는지 모르겠어.

문장 파헤치기

[직접 화법] What+do+주어+동사원형? = 주어가 무엇을 ~하나요?
[간접 화법] I don't know what+주어+동사.
     = 난 주어가 무엇을 ~하는지 모른다.

I don't know <u>what</u>+주어+일반동사. = **나는 주어가** <u>무엇을</u> ~하는지 **모른다.**
I don't know <u>what</u>+주어+be동사. = **나는 주어가** <u>무엇인지</u> **모른다.**

I don't know	what you are talking about.
나는 모른다	네가 무엇을 말하고 있는지

talk about+명사 = ~에 대해 말하다
<u>what</u> you are talking about = 네가 <u>무엇을</u> 말하고 있는지

I don't know what you are talking about.

[직역] 나는 네가 무엇을 말하고 있는지 모른다.
[의역] 나는 네가 소릴 하는지 모르겠어.

문장 3번 따라 쓰기

영작해서 2번씩 쓰기

① 나 문제가 뭔지 모르겠어.

힌트 problem = 문제

② 나 내가 뭘 해야 할지 모르겠어.

힌트 should+동사원형 = ~해야 한다 / do = 하다

나만의 문장 써 보기

듣고 따라 말해 보기

영작 모범 답안

① I don't know what the problem is.

② I don't know what I should do.

Do you know what time the store opens?

너 가게가 몇 시에 문 여는지 알아?

문장 파헤치기

[직접 화법] What time+do+주어+동사원형? = 주어는 몇 시에 ~하나요?
[간접 화법] Do you know what time+주어+동사?
       = 넌 주어가 몇 시에 ~하는지 아니?

Do you know <u>what time</u>+주어+동사? = **넌** 주어가 몇 시에 ~하는지 **아니?**
Do you know <u>when</u>+주어+동사? = **넌** 주어가 <u>언제</u> ~하는지 **아니?**

Do you know	what time the store opens?
넌 아니?	가게가 몇 시에 문을 여는지

store = 가게
open = (가게 등이 영업을 위해) 문을 열다

Do you know what time the store opens?

[직역] 넌 가게가 몇 시에 문을 여는지 아니?
[의역] 너 가게가 몇 시에 문 여는지 알아?

문장 3번 따라 쓰기

◦

◦

◦

영작해서 2번씩 쓰기

① 너 은행이 몇 시에 문 닫는지 알아?

◦

◦

힌트 bank = 은행 / close = (가게 등이 영업 종료를 위해) 문을 닫다

② 너 버스가 언제 올지 알아?

◦

◦

힌트 bus = 버스 / come = 오다

나만의 문장 써 보기

◦

◦

◦

듣고 따라 말해 보기

MP3_072

영작 모범 답안

① Do you know what time the bank closes?

② Do you know when the bus will come?

DAY 073

Do you know who the world's richest man is?

너 이 세상에서 누가 제일 부자인지 알아?

문장 파헤치기

[직접 화법] Who+be동사+주어? = 주어는 누구인가요?
[간접 화법] Do you know who+주어+be동사?
     = 넌 주어가 누구인지 아니?

Do you know who+주어+be동사? = **넌** 주어가 **누구인지 아니?**
Do you know who+동사? = **넌** 누가 ~하는지 **아니?**

Do you know	who the world's richest man is?
넌 아니?	이 세상의 가장 부유한 사람이 누구인지

world = 세계, 세상
rich = 부유한 → the richest = 가장 부유한

Do you know who the world's richest man is?

[직역] 넌 이 세상의 가장 부유한 사람이 누구인지 아니?
[의역] 너 이 세상에서 누가 제일 부자인지 알아?

문장 3번 따라 쓰기

○

○

○

영작해서 2번씩 쓰기

① 너 사진 속 남자가 누구인지 알아?

○

○

힌트 picture = 사진 → man in the picture = 사진 속 남자

② 너 누가 전화기를 발명했는지 알아?

○

○

힌트 invent = 발명하다 (과거형은 invented) / telephone = 전화기

나만의 문장 써 보기

○

○

○

듣고 따라 말해 보기

MP3_073

영작 모범 답안

① Do you know who the man in the picture is?

② Do you know who invented the telephone?

Could you tell me where the nearest station is?

혹시 가장 가까운 역이 어딘지 알려 주실 수 있나요?

문장 파헤치기

[직접 화법] Where+be동사+주어? = 주어는 어디인가요?

[간접 화법] Could you tell me where+주어+be동사?
= 주어가 어디인지 말씀해 주실 수 있나요?

Could you tell me <u>where</u>+주어+be동사[일반동사]?
= 주어가 <u>어디인지</u>[주어가 <u>어디</u>에서 ~하는지] **말씀해 주실 수 있나요?**

Could you tell me	where the nearest station is?
말씀해 주실 수 있나요?	가장 가까운 역이 어디인지

---

near = 가까운 → the nearest = 가장 가까운

station = 역 → the nearest station = 가장 가까운 역

Could you tell me where the nearest station is?

[직역] 가장 가까운 역이 어디인지 말씀해 주실 수 있나요?

[의역] 혹시 가장 가까운 역이 어딘지 알려 주실 수 있나요?

문장 3번 따라 쓰기

○

○

○

영작해서 2번씩 쓰기

① 혹시 가장 가까운 주유소가 어딘지 알려 주실 수 있나요?

○

○

힌트 gas station = 주유소

② 혹시 어디서 택시를 잡을 수 있는지 알려 주실 수 있나요?

○

○

힌트 get a taxi = 택시를 잡다

나만의 문장 써 보기

○

○

○

듣고 따라 말해 보기

MP3_074

① Could you tell me where the nearest gas station is?

② Could you tell me where I can get a taxi?

_____월_____일

I wonder why you are so good to me.

너 나한테 왜 이렇게 잘해 주는지 모르겠다.

문장 파헤치기

[직접 화법] Why+do+주어+동사원형? = 주어는 왜 ~하나요?
[간접 화법] I wonder why+주어+동사.
　　　　 = 나는 주어가 왜 ~하는지 궁금하다.

I wonder why+주어+동사.
= 나는 주어가 왜 ~하는지 궁금하다.

I wonder	why you are so good to me.
나는 궁금하다	네가 왜 나에게 잘해 주는지

be good to+사람[목적격] = ~에게 친절히 대하다, ~에게 잘해 주다
be good to me = 나에게 친절히 대하다, 나에게 잘해 주다

I wonder why you are so good to me.

[직역] 나는 네가 왜 나에게 잘해 주는지 궁금하다.
[의역] 너 나한테 왜 이렇게 잘해 주는지 모르겠다.

문장 3번 따라 쓰기

○

○

○

영작해서 2번씩 쓰기

① 걔(남자) 나한테 왜 그렇게 못되게 구는지 모르겠어.

○

○

힌트 be mean to+사람[목적격] = ~에게 못되게 굴다

② 걔(여자)가 왜 그렇게 서둘러 떠났는지 모르겠어.

○

○

힌트 leave = 떠나다 (과거형은 left) / in a hurry = 서둘러서

나만의 문장 써 보기

○

○

○

듣고 따라 말해 보기

영작 모범 답안

MP3_075

① I wonder why he is so mean to me.

② I wonder why she left in a hurry.

187

I don't know how to thank you.

어떻게 감사 인사를 드려야 할지 모르겠어요.

문장 파헤치기

[직접 화법] How+do+주어+동사원형? = 주어는 어떻게 ~하나요?
[간접 화법] I don't know <u>how to</u>-동사원형.
 = 나는 <u>어떻게</u> ~할지 모르겠다.

I don't know <u>how</u> to-동사원형.
= 나는 <u>어떻게</u> ~할지 **모르겠다.**

I don't know	how to thank you.
나는 모르겠다	어떻게 당신에게 감사를 표할지

thank+사람[목적격] = ~에게 감사를 표하다, ~에게 고마워하다
thank you = 너에게 고마워하다, 당신에게 감사하다

I don't know how to thank you.

[직역] 나는 어떻게 당신에게 감사를 표할지 모르겠다.
[의역] 어떻게 감사 인사를 드려야 할지 모르겠어요.

문장 3번 따라 쓰기

◦

◦

◦

영작해서 2번씩 쓰기

① 당신께 어떻게 보답해야 할지 모르겠어요.

◦

◦

힌트 repay+사람[목적격] = ~에게 보답하다

② 이걸 당신에게 어떻게 설명해야 할지 모르겠어요.

◦

◦

힌트 explain A to+사람[목적격] = ~에게 A를 설명하다

나만의 문장 써 보기

◦

◦

◦

듣고 따라 말해 보기

MP3_076

영작 모범 답안

① I don't know how to repay you.

② I don't know how to explain this to you.

What do you think is the biggest problem?

너는 가장 큰 문제가 뭐라고 생각해?

문장 파헤치기

[직접 화법] What is A? = 무엇이 A인가요?
[간접 화법] What do you think is A?
　　　　　 = 넌 무엇이 A라고 생각하니?

What do you think is A? = 넌 무엇이 A라고 생각하니?
What do you think 주어+동사? = 넌 주어가 무엇을 ~한다고 생각하니?

What	do you think	is the biggest problem?
무엇이	너는 생각하니?	가장 큰 문제라고

big = 큰 → the biggest = 가장 큰
problem = 문제 → the biggest problem = 가장 큰 문제

What do you think is the biggest problem?

[직역] 너는 무엇이 가장 큰 문제라고 생각하니?
[의역] 너는 가장 큰 문제가 뭐라고 생각해?

문장 3번 따라 쓰기

○

○

○

영작해서 2번씩 쓰기

① 발병[질병] 원인이 뭐라고 생각하시나요?

○

○

힌트 the <u>cause</u> of+명사 = ~의 이유[원인] / disease = 질병

② 우리가 그와 관련해 뭘 해야 한다고 생각하나요?

○

○

힌트 should+동사원형 = ~해야 한다 / do … about+명사 = ~와 관련해 …을 하다

나만의 문장 써 보기

○

○

○

듣고 따라 말해 보기

영작 모범 답안

MP3_077

① What do you think is the cause of the disease?

② What do you think we should do about it?

Who do you think will be the next president?

넌 차기 대통령이 누가 될 거라고 생각하니?

문장 파헤치기

[직접 화법] Who+be동사+A? = 누가 A인가요?
[간접 화법] <u>Who</u> do you think <u>be</u>동사+A?
　　　　 = 넌 누가 A라고 생각하니?

<u>Who</u> do you think be동사+A? = 넌 <u>누가</u> A라고 **생각하니?**
<u>Who</u> do you think 일반동사? = 넌 <u>누가</u> ~한다고 **생각하니?**

Who	**do you think**	will be the next president?
누가	너는 생각하니?	다음 대통령일 것이라고

next = 다음의
president = 대통령 → the next president = 다음[차기] 대통령

Who **do you think** will be the next president?

[직역] 넌 누가 다음 대통령일 것이라고 생각하니?
[의역] 넌 차기 대통령이 누가 될 거라고 생각하니?

문장 3번 따라 쓰기

○

○

○

영작해서 2번씩 쓰기

① 넌 우리 중 가장 이기적인 사람이 누구라고 생각해?

○

○

힌트   selfish = 이기적인 → the most selfish = 가장 이기적인 / out of us = 우리 중에서

② 넌 누가 시합에서 이길 거라고 생각해?

○

○

힌트   <u>win</u> the game = 경기[시합]를 이기다

나만의 문장 써 보기

○

○

○

듣고 따라 말해 보기

MP3_078

① Who do you think is the most selfish out of us?

② Who do you think will win the game?

Where do you think is the best place to live?

넌 살기 가장 좋은 곳이 어디라고 생각해?

[직접 화법] Where[When] is A? = 어디[언제]가 A인가요?
[간접 화법] Where[When] do you think is A?
　　　　 = 넌 어디[언제]가 A라고 생각하니?

Where do you think is A? = 넌 어디가 A라고 생각하니?
When do you think is A? = 넌 언제가 A라고 생각하니?

Where	do you think	is the best place to live?
어디가	너는 생각하니?	살기 가장 좋은 장소라고

the best place = 가장 좋은 장소
the best place to-동사원형 = ~하기 가장 좋은 장소 / live = 살다

Where do you think is the best place to live?

[직역] 너는 어디가 살기 가장 좋은 장소라고 생각하니?
[의역] 넌 살기 가장 좋은 곳이 어디라고 생각해?

문장 3번 따라 쓰기

○

○

○

영작해서 2번씩 쓰기

① 넌 캠핑을 가기 가장 좋은 곳이 어디라고 생각해?

○

○

힌트 go camping = 캠핑을 가다

② 가장 좋은 투자 시기가 언제라고 생각하시나요?

○

○

힌트 the best time <u>to-동사원형</u> = ~할 가장 좋은 때 / invest = 투자하다

나만의 문장 써 보기

○

○

○

듣고 따라 말해 보기

MP3_079

① Where do you think is the best place to go camping?

② When do you think is the best time to invest?

Why do you think you are suitable for this job?

본인이 이 일에 적임자라 생각하는 이유가 뭔가요?

문장 파헤치기

[직접 화법] Why+do+주어+동사원형? = 주어는 왜 ~하나요?
[간접 화법] Why do you think 주어+동사?
= 넌 왜 주어가 ~한다고 생각하니?

Why do you think 주어+동사? = 넌 왜 주어가 ~한다고 생각하니?

Why	do you think	you are suitable for this job?
왜	당신은 생각하나요?	당신이 이 일에 적합하다고

suitable = 적합한 → suitable for+명사 = ~에 적합한
job = 일, 직장, 일자리

Why do you think you are suitable for this job?

[직역] 당신은 왜 당신이 이 일에 적합하다고 생각하나요?
[의역] 본인이 이 일에 적임자라 생각하는 이유가 뭔가요?

문장 3번 따라 쓰기

○

○

○

영작해서 2번씩 쓰기

① 본인이 왜 이 직책을 맡을 자격이 된다고 생각하나요?

○

○

힌트　qualified <u>for</u>+명사 = ~에 자격이 있는 / position = 직책, 직위

② 우리가 왜 당신을 뽑아야 하나요?

○

○

힌트　should+동사원형 = ~해야 한다 / hire = 고용하다

나만의 문장 써 보기

○

○

○

듣고 따라 말해 보기

영작 모범 답안

① Why do you think you are qualified for this position?

② Why do you think we should hire you?

매일 1장

영어 쓰기 습관

100일의 기적

CHAPTER 09
연결해서 말하기

081 The man who lives next door is very friendly.

082 You are the only person that I can trust.

083 I have a friend whose mother is a teacher.

084 Is there anything else that I can do for you?

085 That is the funniest thing that I've ever heard.

086 You are the reason why I'm here.

087 I still remember the day that we first met.

088 I don't agree with what you've just said.

089 I've booked a room overlooking the sea.

090 There was a car parked outside the house.

The man who lives next door is very friendly.

옆집 사는 그 남자분 되게 친절하셔.

문장 파헤치기

(대상) 그 남자 / (정보) 옆집에 산다

→ (대상+정보) 옆집에 사는 그 남자

위와 같이 '대상'과 '정보'를 하나로 연결해서 말할 땐 아래와 같은 표현을 씀.

사람+who+동사 = ~인/하는 사람

The man who lives next door	is	very friendly.
옆집에 사는 그 남자는	~이다	매우 친절한

live = 살다 / next door = 옆집에

→ live next door = 옆집에 살다

friendly = 친절한, 우호적인

The man who lives next door is very friendly.

[직역] 옆집에 사는 그 남자는 매우 친절하다.

[의역] 옆집 사는 그 남자분 되게 친절하셔.

문장 3번 따라 쓰기

◦

◦

◦

영작해서 2번씩 쓰기

① 우리 시중 들었던 그 웨이터 굉장히 무례했어.

◦

◦

힌트 serve+사람[목적격] = ~을 시중 들다 → [과거형] served / impolite = 무례한

② 날 이해할 수 있는 사람은 아무도 없어.

◦

◦

힌트 no one = 아무도 (없는) / understand = 이해하다

나만의 문장 써 보기

◦

◦

◦

듣고 따라 말해 보기

영작 모범 답안

① The waiter who served us was very impolite.

② There is no one who can understand me.

You are the only person that I can trust.

넌 내가 믿을 수 있는 유일한 사람이야.

문장 파헤치기

앞서 배운 who 대신 'that'을 사용해서 말해도 됨.
그리고 '목적격'으로 쓸 땐 'who/that' 생략 가능.

[주격] 사람+who/that+**동사 = ~인/하는 사람**
[목적격] 사람+(who/that)+주어+동사 **= 주어가 ~하는 사람**

You	are	the only person (that) I can trust.
너는	~이다	내가 신뢰할 수 있는 유일한 사람

only = 유일한 / person = 사람
only person = 유일한 사람
trust = 신뢰하다

You are the only person (that) I can trust.

[직역] 너는 내가 신뢰할 수 있는 유일한 사람이다.
[의역] 넌 내가 믿을 수 있는 유일한 사람이야.

문장 3번 따라 쓰기

○

○

○

영작해서 2번씩 쓰기

① 전 당신이 찾고 있는 사람이 아니에요.

○

○

힌트 look for + 명사 = ~을 찾다

② 제가 같이 일하고 있는 사람들은 정말 좋아요.

○

○

힌트 people = 사람들 / work with + 사람 = ~와 함께 일하다 / nice = 좋은

나만의 문장 써 보기

○

○

○

듣고 따라 말해 보기

영작 모범 답안

① I'm not the person (that) you are looking for.

② The people (that) I work with are very nice.

DAY 083

I have a friend whose mother is a teacher.

난 엄마가 선생님이신 친구가 한 명 있어.

문장 파헤치기

사람 뒤에 'whose(누구의)'라는 한정사를 붙여서
'사람+whose+명사+동사'라고 하면
'자신의 ~가 ~인/하는 사람'이란 뜻이 됨.

사람+whose**+명사+동사 = **자신의 ~가 ~인/하는 **사람**

I	have	a friend whose mother is a teacher.
나는	~가 있다	자신의 엄마가 선생님인 친구

friend = 친구
→ have a friend = 친구를 가졌다, 친구가 있다
mother = 엄마 / teacher = 선생님

I have **a friend** whose mother is a teacher.

[직역] 나는 자신의 엄마가 선생님인 친구가 있다.
[의역] 난 엄마가 선생님이신 친구가 한 명 있어.

문장 3번 따라 쓰기

◦

◦

◦

영작해서 2번씩 쓰기

① 나 자기 여동생이 널 알고 있는 한 남자를 만났어.

◦

◦

힌트 sister = 언니, 누나, 여동생 / know = 알다

② 나 부인이 유명한 가수인 어떤 사람을 만났어.

◦

◦

힌트 someone = 어떤 사람 / wife = 부인 / famous = 유명한 / singer = 가수

나만의 문장 써 보기

◦

◦

◦

듣고 따라 말해 보기

MP3_083

① I met a man whose sister knows you.

② I met someone whose wife is a famous singer.

DAY 084

Is there anything else that I can do for you?

제가 더 도와드릴 게 있을까요?

문장 파헤치기

사람이 아닌 '사물'일 경우 who가 아닌 'which'를 쓰고
which 대신 that을 쓰는 것도 가능.
그리고 '목적격'으로 쓸 경우 'which/that' 생략 가능.

[주격] 사물＋which/that＋동사 = ~인/하는 사물
[목적격] 사물＋(which/that)＋주어＋동사 = 주어가 ~하는 사물

Is there	anything else (that) I can do for you?
~이 있나요?	내가 당신을 위해 할 수 있는 무슨 다른 것

anything else = 무슨 다른 것, 기타 다른 것
for you = 당신을 위해

Is there <u>anything else</u> (that) I can do for you?

[직역] <u>내가 당신을 위해 할 수 있는 무슨 다른 것</u>이 있나요?
[의역] 제가 더 도와드릴 게 있을까요?

문장 3번 따라 쓰기

○

○

○

영작해서 2번씩 쓰기

① 내 책상 위에 있던 책 어디 있어?

○

○

힌트 book = 책 / on my desk = 내 책상 위에 있는

② 네가 신고 있는 운동화 마음에 들어.

○

○

힌트 sneakers = (한 켤레의) 운동화 / wear = 입다, 착용하다

나만의 문장 써 보기

○

○

○

듣고 따라 말해 보기

영작 모범 답안

MP3_084

① Where is the book which was on my desk?

② I like the sneakers (that) you are wearing.

That is the funniest thing that I've ever heard.

그거 내가 지금껏 들었던 것 중 제일 웃기다.

문장 파헤치기

흔히 쓰는 '내가 지금껏 ~한 것 중 가장 ~한 것'이란 말은
아래와 같은 표현으로 말할 수 있음.

the+최상급 형용사+사람/사물+(that)+I've ever p.p.
= 내가 지금껏 ~했던 사람/것 중 **가장 ~한** 사람/사물

That	is	the funniest **thing** (that) I've ever heard.
그것은	~이다	내가 지금껏 들었던 것 중 가장 웃기는 것

fun = 웃기는 → [최상급] the funniest = 가장 웃기는
hear = 듣다 → [p.p.] heard

That is the funniest **thing** (that) I've ever heard.

[직역] 그것은 내가 지금껏 들었던 것 중 가장 웃기는 것이다.
[의역] 그거 내가 지금껏 들었던 것 중 제일 웃기다.

문장 3번 따라 쓰기

○

○

○

영작해서 2번씩 쓰기

① 이건 지금껏 내가 봤던 것 중 최고의 영화야.

○

○

힌트 good = 훌륭한 → [최상급] the best = 최고의 / see = 보다 → [p.p.] seen

② 그분(남자)은 내가 지금껏 만났던 분들 중 가장 좋은 사람이야.

○

○

힌트 nice = 좋은 → [최상급] the nicest = 가장 좋은 / meet = 만나다 → [p.p.] met

나만의 문장 써 보기

○

○

○

듣고 따라 말해 보기

MP3_085

영작 모범 답안

① This is the best movie (that) I've ever seen.

② He is the nicest person (that) I've ever met.

DAY 086

You are the reason why I'm here.

내가 여기 온 건 너 때문이야.

문장 파헤치기

'the reason(이유)'라는 말 뒤에
'why+주어+동사'라는 수식어를 붙여 말하면
'주어가 ~하는 이유'라는 뜻의 표현이 됨.

the reason why+주어+동사 = 주어가 ~하는 **이유**

You	are	the reason why I'm here.
너는	~이다	내가 지금 이곳에 온 이유

here = 여기(에)
be here = 여기에 있다[오다]
I'm here = 내가 여기에 있다[왔다]

You are <u>the reason</u> why I'm here.

[직역] 너는 <u>내가 지금 이곳에 온 이유</u>이다.
[의역] 내가 여기 온 건 너 때문이야.

문장 3번 따라 쓰기

○

○

○

영작해서 2번씩 쓰기

① 그게 제가 이 주제를 선택한 이유입니다.

○

○

힌트 choose = 선택하다 → [과거형] chose / topic = 주제

② 내가 여기 온 이유를 알고 싶어?

○

○

힌트 come = 오다 → [과거형] came / come here = 이곳에[여기] 오다

나만의 문장 써 보기

○

○

○

듣고 따라 말해 보기

MP3_086

영작 모범 답안

① That is the reason why I chose this topic.

② Do you want to know the reason why I came here?

I still remember the day that we first met.

나 우리가 처음 만난 날이 아직도 기억나.

문장 파헤치기

'the day(그날), 각종 장소' 뒤에도
아래와 같은 수식어를 붙여서 말할 수 있음.

the day+(that)+주어+동사 = 주어가 ~한 **그날**
장소+where+주어+동사 = 주어가 ~한 **장소**

I	still	remember	the day (that) we first met.
나는	아직도	기억한다	우리가 처음 만났던 그날을

remember = 기억하다 / still = 아직도
meet = 만나다 → [과거형] met
first meet = 처음 만나다

I still remember <u>the day</u> (that) we first met.

[직역] 나는 아직도 <u>우리가 처음 만났던 그날을</u> 기억한다.
[의역] 나 우리가 처음 만난 날이 아직도 기억나.

문장 3번 따라 쓰기

○

○

○

영작해서 2번씩 쓰기

① 여기가 제가 태어난 병원이에요.

○

○

힌트 hospital = 병원 / be born = 태어나다

② 너 우리가 저녁 먹었던 그 식당 기억해?

○

○

힌트 restaurant = 식당 / have dinner = 저녁을 먹다

나만의 문장 써 보기

○

○

○

듣고 따라 말해 보기

영작 모범 답안

MP3_087

① This is the hospital where I was born.

② Do you remember the restaurant where we had dinner?

DAY 088

I don't agree with what you've just said.

나 네가 방금 한 말에 동의 못 해.

문장 파헤치기

what은 그 자체로 'the thing that ~(~인 어떤 것)'이라는 뜻을
가지고 있기 때문에 아래와 같이 사용 가능.

what+주어+동사 = 주어가 ~하는 것

I	don't agree with	what you've just said.
나는	~에 동의하지 않는다	네가 지금 막 말한 것

agree = 동의하다
agree with+명사 = ~에 동의하다
say = 말하다 → [과거형] said / [p.p.] said
have just said = 이제 막 말한 상태이다

I don't agree with what you've just said.

[직역] 나는 네가 지금 막 말한 것에 동의하지 않는다.
[의역] 나 네가 방금 한 말에 동의 못 해.

문장 3번 따라 쓰기

○

○

○

영작해서 2번씩 쓰기

① 너 안내 방송에서 말한 거 들었어?

○

○

힌트 hear = 듣다 / announcement = 안내 방송

② 난 너 없인 내가 뭘 할지를(내가 할 것을) 모르겠어.

○

○

힌트 know = 알다 / without+명사 = ~없이

나만의 문장 써 보기

○

○

○

듣고 따라 말해 보기

MP3_088

① Did you hear what the announcement said?

② I don't know what I would do without you.

DAY 089

I've booked a room overlooking the sea.

나 바다가 보이는 방을 예약했어.

'~하고 있는/있던 것/사람'이라고 말하고 싶을 땐
아래와 같은 표현을 쓰면 됨.

사물+동사원형-ing = ~하고 있는/있던 **사물**
사람+동사원형-ing = ~하고 있는/있던 **사람**

I	have booked	a room overlooking the sea.
나는	예약한 상태이다	바다를 내려다보고 있는 방을

book = 예약하다 → [p.p.] booked
overlook = 바라보다, 내려다보다
room = 방 / sea = 바다

I've booked <u>a room</u> <u>overlooking the sea</u>.

[직역] 나는 바다를 내려다보고 있는 방을 예약한 상태이다.
[의역] 나 바다가 보이는 방을 예약했어.

문장 3번 따라 쓰기

○

○

○

영작해서 2번씩 쓰기

① 내 옆에 앉아 있던 여자 불안해 보이더라고.

○

○

힌트 sit next to+대상 = ~옆에 앉다 / look+형용사 = ~해 보이다 / nervous = 불안한

② 너 레이첼한테 말 걸고 있는 남자 알아?

○

○

힌트 know = 알다 / talk to+사람 = ~에게 말하다[말을 걸다]

나만의 문장 써 보기

○

○

○

듣고 따라 말해 보기

영작 모범 답안

MP3_089

① The woman sitting next to me looked nervous.

② Do you know the man talking to Rachel?

There was a car parked outside the house.

집 밖에 차 한 대가 주차돼 있었어.

문장 파헤치기

'~하게 되어진 것/사람'이라고 말하고 싶을 땐
아래와 같은 표현을 쓰면 됨.

사물+p.p. = ~하게 되어진 **사물**

사람+p.p. = ~하게 되어진 **사람**

There was	a car parked outside the house.
~가 있었다	집 밖에 주차된 한 대의 차

park = 주차하다 → [p.p.] parked

outside+장소 = ~의 밖에

outside <u>the house</u> = 집 밖에

There was <u>a car</u> parked outside the house.

[직역] 집 밖에 주차된 한 대의 차가 있었다.

[의역] 집 밖에 차 한 대가 주차돼 있었어.

문장 3번 따라 쓰기

◦

◦

◦

영작해서 2번씩 쓰기

① 냉장고에 남아 있는 게 아무것도 없네.

◦

◦

힌트   nothing = 아무것도 (없는) / leave = 남기다 → [p.p.] left / fridge = 냉장고

② 바닥에 박스 몇 개가 쌓여 있었어.

◦

◦

힌트   box = 박스 / stack = 쌓다 → [p.p.] stacked / on the floor = 바닥 위에

나만의 문장 써 보기

◦

◦

◦

듣고 따라 말해 보기

영작 모범 답안

MP3_090

① There was nothing left in the fridge.

② There were some boxes stacked on the floor.

매일 1장

영어 쓰기 습관

100일의 기적

CHAPTER 10
정교하게 말하기

091 I can't think of anything right now.

092 You might have heard of his name.

093 It reminds me of the good old days.

094 I dreamt about winning the lottery.

095 He's been complaining of shoulder pain.

096 I was blamed for something I didn't do.

097 I can't put up with this any longer.

098 He grew up with a silver spoon in his mouth.

099 I should have asked for her number.

100 I'm looking forward to hearing from you.

I can't think of anything right now.

나 지금 당장은 아무 생각도 안 나.

문장 파헤치기

한국어 해석은 비슷하지만 뉘앙스가 살짝 다른
thank of ~, think about ~ 제대로 이해하기!

think of ~ = (어떤 한 순간에) ~을 생각하다[떠올리다]
think about ~ = (관심 있게 깊이) ~에 대해 생각하다

I	can't think of	anything	right now.
나는	~을 떠올릴 수 없다	아무것도	지금 당장

think → [과거형] thought / [p.p.] thought
anything = 아무것(도)
right now = 지금 당장

I can't think of **anything** right now.

[직역] 나는 지금 당장 아무것도 떠올릴 수 없다.
[의역] 나 지금 당장은 아무 생각도 안 나.

문장 3번 따라 쓰기

○

○

○

영작해서 2번씩 쓰기

① 난 항상 너에 대해 생각하고 있어.

○

○

힌트 always = 항상

② 전 해외로 나가는 것에 대해 생각해 본 적이 없어요.

○

○

힌트 I've never p.p. = 난 ~해 본 적이 없다 / go abroad = 해외로 나가다

나만의 문장 써 보기

○

○

○

듣고 따라 말해 보기

MP3_091

① I'm always thinking about you.

② I've never thought about going abroad.

You might have heard of his name.

너 걔 이름 들어봤을 수도 있어.

문장 파헤치기

한국어 해석은 비슷하지만 뉘앙스가 살짝 다른
hear of ~, hear about ~ 제대로 이해하기!

hear of ~ = ('들어 본 적은 있다'는 수준으로) ~에 대해 듣다
hear about ~ = (내용까지 잘 알 정도로) ~에 대해 듣다

You	might have heard of	his name.
너는	~에 대해 들어봤을 수도 있다	그의 이름을

hear → [과거형] heard / [p.p.] heard
might have heard = 들어봤을 수도 있다
his name = 그의 이름

You might have heard of **his name.**

[직역] 너는 <u>그의 이름</u>에 대해 들어봤을 수도 있다.
[의역] 너 걔 이름 들어봤을 수도 있어.

문장 3번 따라 쓰기

○

○

○

영작해서 2번씩 쓰기

① 당신에 대한 얘기 많이 들었습니다.

○

○

힌트 I've p.p. = 나는 쭉 ~해 왔다. / a lot = 많이

② 너 전에 그거에 대해 들어 본 적 있어?

○

○

힌트 Have you ever p.p.? = 너 ~한 적 있니? / before = 전에

나만의 문장 써 보기

○

○

○

듣고 따라 말해 보기

영작 모범 답안

① I've heard about you a lot.

② Have you ever heard of it before?

It reminds me of the good old days.

그걸 보면 좋았던 옛 시절이 떠올라.

문장 파헤치기

한국어 해석은 비슷하지만 뉘앙스가 살짝 다른
remind of ~, remind about ~ 제대로 이해하기!

remind 사람 of ~ = **(추억을 끄집어내)** ~에게 ~을 상기시키다
remind 사람 about ~ = **(까먹지 않도록)** ~에게 ~을 상기시키다

It	reminds me of	the good old days.
그것은	내게 ~을 상기시킨다	좋았던 예전의 날들을

remind → [과거형] reminded / [p.p.] reminded
good = 좋은 / old = 나이 든, 오래된
the good old days = 좋았던 오래된[예전의] 날들

It reminds <u>me</u> of <u>the good old days</u>.

[직역] 그것은 <u>내게</u> 좋았던 예전의 날들을 상기시킨다.
[의역] 그걸 보면 좋았던 옛 시절이 떠올라.

문장 3번 따라 쓰기

○

○

○

영작해서 2번씩 쓰기

① 나한테 걔(남자) 생일 상기시켜줘서 고마워.

○

○

힌트 Thanks for 동사원형-ing. = ~해 준 것에 대해 고맙습니다.

② 그건 네게 무엇을 상기시켜?

○

○

힌트 What do/does+주어+동사원형? = 주어는 무엇을 ~하나요?

나만의 문장 써 보기

○

○

○

듣고 따라 말해 보기

MP3_093

영작 모범 답안

① Thanks for reminding me about his birthday.

② What does it remind you of?

I dreamt about winning the lottery.

나 복권에 당첨되는 꿈을 꿨어.

문장 파헤치기

한국어 해석은 비슷하지만 뉘앙스가 살짝 다른
dream of ~, dream about ~ 제대로 이해하기!

dream of ~ = **(이루고 싶은 마음으로)** ~에 대한 꿈을 꾸다
dream about ~ = **(자면서)** ~에 대한 꿈을 꾸다

I	dreamt about	winning the lottery.
나는	~에 대한 꿈을 꿨다	복권에 당첨되는 것

dream → [과거형] dreamt / [p.p.] dreamt
win = 이기다; 따다 / lottery = 복권
win the lottery = 복권에 당첨되다

I dreamt about **winning the lottery.**

[직역] 나는 복권에 당첨되는 것에 대한 꿈을 꿨다.
[의역] 나 복권에 당첨되는 꿈을 꿨어.

문장 3번 따라 쓰기

◦

◦

◦

영작해서 2번씩 쓰기

① 전 항상 전 세계를 여행하는 꿈을 꿉니다.

◦

◦

<u>힌트</u> travel <u>around the world</u> = <u>전 세계를</u> 여행하다

② 너 어젯밤에 내 꿈 꿨어?

◦

◦

<u>힌트</u> Did you 동사원형? = 너 ~했니? / last night = 어젯밤

나만의 문장 써 보기

◦

◦

◦

듣고 따라 말해 보기

MP3_094

영작 모범 답안

① I always dream of traveling around the world.

② Did you dream about me last night?

He's been complaining of shoulder pain.

그분이 어깨 통증을 호소해 오셨어요.

문장 파헤치기

한국어 해석은 비슷하지만 뉘앙스가 살짝 다른
complain of ~, complain about ~ 제대로 이해하기!

complain of ~ = (몸이 아파서) ~에 대해 불평[호소]하다
complain about ~ = (마음에 안 들어) ~에 대해 불평하다

He	has been complaining of	shoulder pain.
그는	~에 대해 호소해 왔다	어깨 통증

complain → [과거형] complained / [p.p.] complained
have/has been complaining = 호소해 왔다
shoulder = 어깨 / pain = 통증

He's been complaining of <u>shoulder pain</u>.

[직역] 그는 <u>어깨 통증</u>에 대해 호소해 왔다.
[의역] 그분이 어깨 통증을 호소해 오셨어요.

문장 3번 따라 쓰기

○

○

○

영작해서 2번씩 쓰기

① 넌 항상 모든 것에 대해 불평을 늘어놔.

○

○

힌트 everything = 모든 것

② 일부 회원들이 그 결정에 대해 불만을 늘어놨어요.

○

○

힌트 member = 회원 → some members = 일부 회원들 / decision = 결정

나만의 문장 써 보기

○

○

○

듣고 따라 말해 보기

MP3_095

영작 모범 답안

① You always complain about everything.

② Some members complained about the decision.

DAY 096

I was blamed for something I didn't do.

난 내가 하지도 않은 것에 대해 비난 받았어.

문장 파헤치기

언급 순서에 따라 사용하는 '전치사'가 다른 경우가 있음.
'blame for, blame on'의 사용법 제대로 이해하기!

blame 사람 <u>for 사건</u> = ~(사건)으로 ~(사람)을 비난하다
blame 사건 <u>on 사람</u> = ~(사람)에게 ~(사건)의 책임을 묻다

I	was blamed for	something I didn't do.
나는	~으로 비난을 받았다	내가 하지 않은 어떤 것

blame → [과거형] blamed / [p.p.] blamed
be blamed = 비난을 받다
something (that) I didn't do = 내가 하지 않은 어떤 것

I was blamed for **something I didn't do.**

[직역] 나는 내가 하지 않은 어떤 것으로 비난을 받았다.
[의역] 난 내가 하지도 않은 것에 대해 비난 받았어.

문장 3번 따라 쓰기

○

○

○

영작해서 2번씩 쓰기

① 그 사람들은 모든 것에 있어 날 비난했어.

○

○

힌트 everything = 모든 것

② 너 이거에 대한 책임을 나한테 물을 거야?

○

○

힌트 Are you going to-동사원형? = 너 ~할 거야?

나만의 문장 써 보기

○

○

○

듣고 따라 말해 보기

MP3_096

영작 모범 답안

① They blamed me for everything.

② Are you going to blame this on me?

I can't put up with this any longer.

나 이거 더 이상은 못 참겠어.

문장 파헤치기

영어엔 '각종 전치사'가 붙어 있는 표현들이 매우 많음.
아래의 두 가지 표현을 '전치사'에 주의하며 사용하는 연습하기!

put up with ~ = ~을 참다[감수하다]
be fed up with ~ = ~에 질렸다[진저리가 나다]

I	can't put up with	this	any longer.
나는	~을 참을 수가 없다	이것	더 이상

can't+동사원형 = ~할 수 없다
can't put up with ~ = ~을 참을 수가 없다
any longer = 더 이상은, 이제는

I can't put up with this any longer.

[직역] 나는 더 이상 이것을 참을 수가 없다.
[의역] 나 이거 더 이상은 못 참겠어.

문장 3번 따라 쓰기

◦

◦

◦

영작해서 2번씩 쓰기

① 제가 왜 이걸 감수해야 하나요?

◦

◦

힌트 Why do I have to-동사원형? = 제가 왜 ~해야 하나요?

② 나 이런 끈적끈적한 날씨엔 진절머리가 나.

◦

◦

힌트 sticky = 끈적거리는 / weather = 날씨

나만의 문장 써 보기

◦

◦

◦

듣고 따라 말해 보기

MP3_097

① Why do I have to put up with this?

② I'm fed up with this sticky weather.

He grew up with a silver spoon in his mouth.

걘 은수저를 입에 물고 컸어.

문장 파헤치기

'전치사'가 붙어 있는 자주 쓰는 표현 추가로 연습하기!

grow up / bring up

grow up = 성장하다

bring up 사람 = ~을 기르다[양육하다]

He	grew up	with a silver spoon	in his mouth.
그는	성장했다	은수저와 함께	그의 입 안에 있는

grow / bring → [과거형] grew / brought [p.p.] grown / brought

silver spoon = 은수저

in his mouth = 그의 입 안에

He grew up **with a silver spoon in his mouth.**

[직역] 그는 그의 입 안에 있는 은수저와 함께 성장했다.

[의역] 걘 은수저를 입에 물고 컸어. (엄청 부유하게 컸어.)

문장 3번 따라 쓰기

○

○

○

영작해서 2번씩 쓰기

① 전 우리 할머니가 키워 주셨어요. (전 우리 할머니에 의해 양육됐어요.)

○

○

힌트 my grandmother = 나의 할머니

② 그분(여자)은 오롯이 혼자서 아이 셋을 키우셨어요.

○

○

힌트 children = 아이들, 자녀들 / all by herself = 오롯이 그녀 혼자서

나만의 문장 써 보기

○

○

○

듣고 따라 말해 보기

MP3_098

① I was brought up by my grandmother.

② She brought up three children all by herself.

I should have asked for her number.

그 여자분 전화번호를 물어봤어야 했는데.

문장 파헤치기

'전치사'가 붙어 있는 자주 쓰는 표현 추가로 연습하기!
ask <u>for</u>

ask (사람) for 원하는 것
= (~에게) ~을 묻다[요청하다]

I	should have asked for	her number.
나는	~을 물어봤어야 했다	그녀의 전화번호

ask → [과거형] asked / [p.p.] asked
should have asked for ~ = ~을 물어봤어야 했다.
number = 숫자; (전화, 팩스 등의) 번호

I should have asked for **her number.**

[직역] 나는 <u>그녀의 전화번호</u>를 물어봤어야 했다.
[의역] 그 여자분 전화번호를 물어봤어야 했는데.

문장 3번 따라 쓰기

○

○

○

영작해서 2번씩 쓰기

① 길 좀 물어볼 수 있을까요?

○

○

힌트 ask for directions = 방향을 묻다, 길을 물어보다

② 내가 웨이터에게 물 좀 갖다 달라고 부탁했어.

○

○

힌트 ask 사람 for some water = ~에게 물을 (달라고) 요청하다

나만의 문장 써 보기

○

○

○

듣고 따라 말해 보기

MP3_099

영작 모범 답안

① Can I ask you for directions?

② I asked the waiter for some water.

I'm looking forward to hearing from you.

연락 주시길 기다리고 있습니다.

문장 파헤치기

마지막으로 실수하기 쉬운 표현 연습하기!

look forward <u>to-동사원형</u> (X)

look forward <u>to 동사원형-ing</u> (O)

look forward to 동사원형-ing

= ~하는 것을 기대하다[고대하다]

I	am looking forward to	hearing from you.
나는	~을 고대하고 있다	당신으로부터 연락을 듣는 것

hear from 사람 = ~으로부터 연락을 받다, ~의 소식을 듣다

hear from you = 너의 연락을 받다, 네 소식을 듣다

I'm looking forward to <u>hearing from you.</u>

[직역] 나는 <u>당신으로부터 연락을 듣는 것</u>을 고대하고 있다.

[의역] 연락 주시길 기다리고 있습니다.

문장 3번 따라 쓰기

·

·

·

영작해서 2번씩 쓰기

① 저흰 귀하(당신)를 곧 뵙게 되길 고대하고 있습니다.

·

·

힌트 see+사람 = ~을 보다[만나다] / soon = 곧

② 넌 올해 무엇을 기대하고 있어?

·

·

힌트 What are you 동사원형-ing? = 넌 무엇을 ~하고 있니? / this year = 올해

나만의 문장 써 보기

·

·

·

듣고 따라 말해 보기

영작 모범 답안

MP3_100

① We are looking forward to seeing you soon.

② What are you looking forward to this year?

매일 1장

영어 쓰기 습관

100일의 기적

부록

핵심 문법 총정리

Chapter 01 비교하며 말하기

Chapter 02 가짜 주어로 말하기

Chapter 03 p.p.로 말하기

Chapter 04 have+p.p.로 말하기

Chapter 05 가정하며 말하기

Chapter 06 If로 말하기

Chapter 07 뭉뚱그려 말하기

Chapter 08 간접적으로 묻기

Chapter 09 연결해서 말하기

Chapter 10 정교하게 말하기

CHAPTER 01 비교하며 말하기

어떤 대상보다 '더 ~하다'라고 비교하거나 어떤 대상 중 '가장 ~하다'라고 비교하며 말할 땐 형용사/부사의 비교급/최상급을 써서 말합니다. 비교급/최상급엔 '-er, -est, more-, most-'를 앞뒤에 붙여 만드는 규칙형, 그리고 규칙 없이 변하는 불규칙형이 있습니다.

① 비교급 규칙형-1 | 형용사/부사-er
He is <u>younger</u> than me. = 그는 나보다 더 어리다.

② 비교급 규칙형-2 | 단어 끝이 '자음+y, 단모음+단자음'인 경우
[자음+y] → y를 i로 바꾸고 -er을 붙임.
[단모음+단자음] → 마지막 자음 추가하고 -er을 붙임.
easy → eas<u>ier</u> / big → big<u>ger</u>

③ 비교급 규칙형-3 | more+형용사/부사
형용사/부사가 2~3음절 이상인 경우 more을 붙임.
Can you speak <u>more slowly</u>? = 더 천천히 말해 줄 수 있나요?

④ 최상급 규칙형-1 | the 형용사/부사-est
He is <u>the tallest</u> player. = 그가 가장 키 큰 선수다.

⑤ 최상급 규칙형-2 | the most+형용사/부사
형용사/부사가 2~3음절 이상인 경우 most를 붙임.
This is <u>the most serious</u> problem. = 이건 가장 심각한 문제다.

⑥ 비교급/최상급 불규칙형 | 규칙 없이 변하는 경우
(ex) good(좋은)-better(더 좋은)-best(최고인)
You are <u>the best</u>. = 당신이 <u>최고</u>다.

⑦ as 형용사/부사 as | ~만큼 ~한/하게
Call me <u>as soon as possible</u>. = 가능한 한 빨리 내게 전화해.

CHAPTER 02 가짜 주어로 말하기

영어에선 주어가 길어지면 문장 앞에 가짜 주어 'It'를 놓은 뒤 진짜 주어는 'to-동사원형, that-문장'의 형태로 바꾸어 뒤로 보내 버립니다. 그리고 '~이 있다/없다'고 할 때에도 가짜 주어 'there'을 앞에 놓은 뒤 존재하는 사물/사람을 뒤에 넣어서 말합니다.

① It is 형용사/명사 to-동사원형 | ~해서 ~하다/이다

It is good to hear from you. = 당신의 소식을 들어서 좋다.

It is a pleasure to meet you. = 당신을 만나서 기쁘다.

② It is 형용사/명사 that-문장 | ~인 것이 ~하다/이다

It is obvious that he is lying. = 그가 거짓말하는 것이 분명하다.

It is a pity that you can't come. = 네가 오지 못하는 것이 애석하다.

③ It takes 시간 to-동사원형 | ~하는 데 ~만큼 걸리다

It takes an hour to get there. = 거기 가는 데 1시간이 걸린다.

④ How long does it take to-동사원형? | ~하는 데 얼마나 걸리는가?

How long does it take to get there? = 거기 가는 데 얼마나 걸리는가?

⑤ There is/are 명사 | ~이/가 있다

There is a big difference. = 큰 차이점이 있다.

There are many people. = 많은 사람들이 있다.

⑥ There was/were 명사 | ~이/가 있었다

There was a lot of traffic. = 많은 교통량이 있었다.

⑦ There is/are not 명사 | ~이/가 없다

There is not a single cloud. = 구름 한 점이 없다.

⑧ Is/Are there 명사? | ~이/가 있는가?

Is there any problem? = 무슨 문제가 있는가?

CHAPTER 03 p.p.로 말하기

영어에서 모든 동사는 '현재형-과거형-과거분사형'의 3가지 형태를 가지고 있으며, 그 중에서 과거분사형을 'p.p.'라고 줄여서 칭합니다. 이 p.p.형을 활용하여 다양한 표현을 할 수 있는데, 그 중 하나가 '~(되어)져 있다'라는 뜻의 수동태 표현입니다.

① be동사+p.p. │ ~(되어)져 있다
It is made of pure wool. = 이것은 순모로 만들어져 있다.
The fire was caused by smoking. = 화재는 흡연으로 야기되었다.

② be동사+not+p.p. │ ~(되어)져 있지 않다
I was not invited to the wedding. = 나는 결혼식에 초대돼지 않았다.

③ be동사+being+p.p. │ ~(되어)지고 있다
The flight is being delayed. = 비행편이 지연되고 있다.

④ will be+p.p. │ ~(되어)질 것이다
Dinner will be served. = 저녁이 제공될 것이다.

⑤ must be+p.p. │ ~(되어)져야 한다
Gambling must be banned. = 도박은 금지되어야 한다.

⑥ be supposed to-동사원형 │ ~하기로 (예정)되어 있다
You were supposed to call me. = 넌 내게 전화하기로 돼 있었다.

⑦ get+p.p. │ ~(되어)져 있다
We got married last year. = 우리는 작년에 결혼하였다.
My parents got divorced. = 나의 부모님은 이혼하였다.

⑧ have+명사+p.p. │ (남을 시켜서) ~이 ~하게 되도록 만들다
I had my hair cut. = 나는 (남을 시켜) 머리를 잘랐나.
I had my car fixed. = 나는 (남을 시켜) 차를 고쳤다.

CHAPTER 04 have+p.p.로 말하기

영어엔 한국어엔 없는 '현재완료'라는 시제가 있습니다. 현재완료시제는 '(과거에 ~했는데 결과적으로 현재) ~한 상태이다, (과거에) ~했던 적이 있다, (과거부터 현재까지 쭉) ~해 오고 있다'라는 뉘앙스의 시제이며 'have+p.p.'라는 형태로 말합니다.

① 현재의 결과 | (과거에 ~했고 결과적으로 현재) ~한 상태이다
  I have lost my cell phone. = 난 휴대폰을 잃어버린 상태이다.
  The bus has already gone. = 버스는 이미 떠나버린 상태이다.

② 과거의 경험 | (과거에) ~했던 적이 있다
  I have been to China. = 난 중국에 가 본 적이 있다.
  We have met once before. = 우린 전에 한 번 만난 적이 있다.

③ 현재까지 지속-1 | (과거부터 현재까지 쭉) ~해 오고 있다
  I have known him for years. = 난 수년간 그를 알고 지내고 있다.
  He has lived here for a year. = 그는 1년간 여기 살고 있다.

④ 현재까지 지속-2 | have been 동사원형-ing
  I have been looking for you. = 나는 너를 계속 찾고 있었다.

⑤ 부정문 | haven't/hasn't p.p.
  I haven't received an answer. = 나는 답변을 못 받은 상태이다.

⑥ 의문문 | Have 주어 p.p.?
  Have you finished your packing? = 넌 짐 싸는 걸 끝낸 상태이니?

⑦ Have 주어 p.p. yet? | 아직도 ~하지 못했는가?
  Have you had dinner yet? = 너 아직 저녁을 못 먹었니?

⑧ Have 주어 ever p.p.? | ~해 본 적이 있는가?
  Have you ever eaten Thai food? = 너 태국 음식 먹어 본 적 있니?

'have+p.p.' 앞에 다양한 조동사(should, might, must, could, would)를 붙여서 말하면 현재가 아닌 과거 시점을 기준으로 '(그 당시에) ~했으면 좋았을 텐데, ~했을 수도 있다, ~했던 게 틀림없다'와 같이 가정하며 추측하는 뉘앙스의 표현이 됩니다.

① should have p.p. | ~이었어야/했어야 했다
You <u>should have come</u>. = 넌 왔어야 했다.
I <u>should have done</u> better. = 난 더 잘 했어야 했다.

② shouldn't have p.p. | ~이지/하지 말았어야 했다
I <u>shouldn't have dunk</u>. = 난 술 마시지 말았어야 했다.
You <u>shouldn't have been</u> late. = 넌 늦지 말았어야 했다.

③ might have p.p. | ~이었을/했을 수도 있다
You <u>might have told</u> me. = 넌 내게 말할 수도 있었다.
It <u>might not have happened</u>. = 그 일은 안 일어났을 수도 있다.

④ must have p.p. | ~이었던/했던 것이 틀림없다
I <u>must have dropped</u> it. = 내가 그걸 떨어뜨렸던 게 틀림없다.

⑤ could + 동사원형 | ~일/할 수 있을 거다
It <u>could happen</u> to anyone. = 그건 누구에게나 벌어질 수 있다.

⑥ could have p.p. | ~일/할 수 있었을 거다
I <u>could have done</u> better. = 난 더 잘 할 수 있었다.

⑦ would + 동사원형 | ~일/할 거다
It <u>would be</u> nice to see you. = 당신을 만나 뵈면 좋을 거다.

⑧ would have p.p. | ~이었을/했을 거다
I <u>would have stayed</u> with you. = 난 너와 함께 있었을 거다.

'만약 ~라면'이라는 뜻의 접속사 'If'로 다양한 상황을 가정하며 말할 수 있는데, 어떤 시제의 동사를 쓰는지에 따라 '① 명확히 확신할 수 있는 것에 대한 가정, ② 불가능하거나 막연한 것에 대한 가정, ③ 과거 시점에서의 가정'으로 나눠서 말할 수 있습니다.

① 확실한 가정 | If+주어+현재형 동사, 주어 will/won't 동사원형

If it rain, it will be cancelled. = 비가 오면, 그것은 취소될 것이다.

② 막연한 가정-1 | If+주어+과거형 동사, 주어 would/wouldn't 동사원형

If I won the lottery, I would pay off my debts.
= 내가 복권에 당첨된다면, 난 나의 빚을 청산할 것이다.

③ 막연한 가정-2 | If I were you, 주어 would/wouldn't 동사원형

If I were you, I wouldn't do that. = 내가 너라면, 난 그걸 안 할 거다.

④ 과거 시점의 가정-1 | If+주어+had p.p., 주어 would/wouldn't have p.p.

If I had seen you, I would have said hello.
= 내가 너를 봤다면, 난 너에게 '안녕'이라고 말했을 것이다.
If I had woken up early, I wouldn't have been late.
= 내가 일찍 일어났다면, 난 늦지 않았을 것이다.

⑤ 과거 시점의 가정-2 | If+주어+hadn't p.p., 주어 would/wouldn't have p.p.

If you hadn't helped me, I would have been in trouble.
= 네가 날 도와주지 않았다면, 난 곤경에 처했을 것이다.

⑥ 막연한 소망 | I wish 주어+과거형 동사

I wish you were here. = 네가 여기 있으면 좋겠다.

⑦ 과거에 대한 아쉬움 | I wish 주어+had p.p.

I wish I had been there. = 내가 거기 있었다면 좋았을 텐데.

CHAPTER 07 뭉뚱그려 말하기

'① A가 ~을 했다. / ② 나는 A를 봤다 → 나는 A가 ~하는 걸 봤다'와 같이 두 문장을 한 문장으로 말할 땐 '지각동사＋대상＋동사원형/동사원형-ing'과 같이 말하고, 동시 혹은 연이어 발생한 두 행위를 한 문장으로 말할 땐 '동사원형-ing'를 써서 말합니다.

① see＋대상＋동사원형 │ ~가 ~한 것을 보다
I <u>saw</u> you <u>leave</u> the house. = 난 네가 집을 <u>나가는 걸 봤다</u>.

② see＋대상＋동사원형-ing │ ~가 ~하고 있는 걸 보다
I <u>saw</u> him <u>dancing</u>. = 난 그가 <u>춤추고 있는 걸 봤다</u>.

③ hear, smell, feel │ ~가 ~하는 소리/냄새/느낌을 인지하다
I <u>heard</u> you <u>crying</u>. = 난 네가 <u>울고 있는 소리를 들었다</u>.
I <u>smelled</u> something <u>burning</u>. = 난 <u>뭔가 타고 있는 냄새를 맡았다</u>.
I <u>felt</u> somebody <u>touch</u> me. = 난 <u>누가 날 만진 걸 느꼈다</u>.

④ I have never 지각동사의 p.p. │ ~한 걸 인지한 적이 없다
I <u>have never seen</u> him <u>break</u> his promises.
= 난 그가 <u>약속을 어기는 걸 본 적이 없다</u>.

⑤ 문장＋동사원형-ing 1 │ ~하면서 ~하다
I was at home <u>doing nothing</u>. = 난 <u>아무것도 안 하면서</u> 집에 있었다.

⑥ 문장＋동사원형-ing 2 │ ~하는 동안 ~가 발생하다
I fell asleep <u>watching TV</u>. = <u>TV를 보는 동안</u> 난 잠들었다.

⑦ Having p.p., 문장 │ ~하고 난 후, ~하다
<u>Having had dinner</u>, I slept. = <u>저녁을 먹은 후</u>, 나는 잤다.

⑧ 동사원형-ing, 문장 │ ~해서, ~하다
<u>Not feeling well</u>, I went home. = <u>몸이 안 좋아서</u>, 난 집에 갔다.

CHAPTER 08 간접적으로 묻기

우리가 질문을 할 땐 '역이 어딘가요?'와 같이 직접적으로 묻거나 '역이 어디인지 말씀해 주실 수 있나요?'와 같이 다소 간접적으로 돌려서 물어볼 수 있습니다. 영어로 이렇게 간접 질문을 할 땐 다양한 질문 표현에 '의문사절(구)'를 넣어서 말합니다.

① 의문사절 | 의문사+주어+동사

what / you / are saying = 무엇을 / 네가 / 얘기하는지
who / the richest man / is = 누가 / 가장 부자인 사람 / 인지
when / the store / opens = 언제 / 가게가 / 문을 여는지

② 의문사구 | 의문사+to-동사원형

how to explain = 설명할 방법 (어떻게 설명해야 할지)
what to do = 할 무엇 (무엇을 할지)

③ I don't know + 의문사절(구) | 난 ~(의문사절/구)를 모른다

I don't know what I should do. = 난 내가 뭘 해야 할지 모르겠다.
I don't know how to explain it. = 난 그걸 설명할 방법을 모르겠다.

④ Do you know + 의문사절(구)? | 넌 ~(의문사절/구)를 아니?

Do you know who she is? = 넌 그녀가 누구인지 아니?

⑤ Could you tell me + 의문사절(구)? | (의문사절/구)를 말씀해 주실 수 있나요?

Could you tell me where the nearest station is?
= 가장 가까운 역이 어디인지 말씀해 주실 수 있나요?

⑥ I wonder + 의문사절(구) | 난 ~(의문사절/구)가 궁금하다

I wonder why she left. = 난 그녀가 왜 떠났는지 궁금하다.

⑦ 의문사 + do you think ~? | 넌 ~(의문사)가 ~라고 생각하니?

What do you think is the biggest problem?
= 당신은 무엇이 가장 큰 문제라고 생각하나요?

CHAPTER 09 연결해서 말하기

'(대상) 그 남자 / (정보) 옆집에 산다 → 옆집에 사는 그 남자'와 같이 떨어져 있는 2개의 정보를 하나로 연결해서 말할 땐 '관계대명사(who, whose, which, that)' 혹은 '명사+동사원형-ing/p.p.'를 써서 말합니다.

① **사람+who/that ~** | ~인 사람

The man who/that lives next door is very friendly.
= 옆집에 사는 그 남자는 매우 친절하다.

② **사람+whose+명사 ~** | 자신의 ~가 ~인/하는 사람

I met a man whose wife is a famous singer.
= 난 자신의 아내가 유명한 가수인 남자를 만났다.

③ **사물+which/that ~** | ~인 사물

I like the sneakers which/that you are wearing.
= 난 네가 신고 있는 운동화가 마음에 든다.

④ **사람/사물+that I've ever p.p.** | 내가 지금껏 ~한 것 중 ~한 사람/사물

That is the funniest thing that I've ever heard.
= 그건 내가 지금껏 들어본 것 중 가장 웃긴 것이다.

⑤ **what+주어+동사** | 주어가 ~하는 것

I don't agree what you have just said.
= 난 네가 방금 말한 것에 동의하지 못한다.

⑥ **사람/사물+동사원형-ing** | ~하고 있는 사람/사물

a room overlooking the sea = 바다를 내려다보고 있는 방

⑦ **사람/사물+p.p.** | ~(되어)져 있는 사람/사물

a car parked outside the house = 집 밖에 주차되어 있는 차
a player injured during the game = 경기 중 다치게 된 선수

CHAPTER 10 정교하게 말하기

'dream of (원하는 것을) 꿈꾸다 / dream about (자면서) 꿈꾸다'와 같이 한국어로 해석하면 똑같이 '꿈꾸다'로 풀이되는데 뒤에 어떤 전치사가 붙는지에 따라 괄호 안 설명처럼 뉘앙스가 달라지는 표현들이 있습니다. 이런 표현들은 전치사에 주의해야 합니다.

① think of, think about | (한순간) 떠올리다 / (깊이) 생각하다

I can't think of anything. = 난 아무것도 떠올릴 수 없다.

I thought about going abroad. = 난 해외로 나가는 것에 대해 생각해 봤다.

I have never thought about it. = 난 그것에 대해 생각해 본 적이 없다.

② hear of, hear about | (가볍게) 듣다 / (상세하게) 듣다

I have never heard of it. = 난 그것에 대해 들어본 적이 없다.

Have you heard of his name? = 넌 그의 이름을 들어본 적이 있니?

I have heard about you a lot. = 너에 대한 얘기를 많이 들었다.

③ remind of, remind about | (추억을) 상기시키다 / (할 일을) 상기시키다

It reminds me of the old days. = 그건 지나간 날을 상기시킨다.

Thanks for reminding me about it. = 내게 그걸 상기시켜줘서 고맙다.

④ dream of, dream about | (원하는 걸) 꿈꾸다 / (자면서) 꿈꾸다

I always dream of being a cook. = 난 항상 요리사가 되는 걸 꿈꾼다.

I dreamt about you last night. = 난 어젯밤 네 꿈을 꿨다.

⑤ complain of, complain about | (고통을) 호소하다 / (싫어서) 불만을 늘어놓다

He complained of shoulder pain. = 그는 어깨 통증을 호소했다.

They complained about it. = 그들은 그것에 대해 불만을 늘어놨다.

⑥ blame for + 사건/on + 사람 | ~으로 비난받다 / ~에게 책임을 묻다

I was blamed for everything. = 난 모든 것에 대해 비난받았다.

Why did you blame this on me? = 너 왜 그 책임을 내게 물었어?